ALLE WUNDER DIESER WELT

ALLE WUNDER

Roland Gööck

DIESER WELT

Die großen Sehenswürdigkeiten der Welt
von den Pyramiden
bis zum Weltraumbahnhof

BERTELSMANN SACHBUCHVERLAG

Textgestaltung unter Mitarbeit von
Heinz Görz, Margret Uhle, Franz-Karl Freiherr von Linden
Layout Rolf Bünermann
Karten von Karl-Heinz Wirth
Herstellungsleitung Horst Bergmann

Gesamtherstellung Mohndruck Reinhard Mohn OHG, Gütersloh
Printed in Germany · ISBN 3 570-05823-9

DIE WUNDER DIESER WELT

Ein Weltwunder – was ist das? Es gibt keine eindeutige Umschreibung dieses Begriffs. Alle Definitionen stützen sich auf die berühmte Liste der Sieben Weltwunder des Altertums und sagen: diese Bauwerke der Antike hielt man wegen ihrer Größe und Pracht vor über 2000 Jahren für die erstaunlichsten, sensationellsten, schönsten, verehrungswürdigsten und grandiosesten Werke aus Menschenhand.
Die Griechen, von denen diese erste Liste mit den Pyramiden von Gizeh, den Hängenden Gärten von Babylon, dem Artemistempel in Ephesos, dem Mausoleum in Halikarnassos, dem Koloß von Rhodos, dem Pharos von Alexandria und der Zeusstatue von Olympia stammte, waren gar nicht so anspruchsvoll, von »Weltwundern« zu reden. Sie bezeichneten die nach ihrer Meinung bedeutendsten Höchstleistungen ihrer Zeit schlicht als »Ta hepta theamata«, was nichts anderes als »sieben Sehenswürdigkeiten« bedeutet. »Weltwunder« dürften daraus erst in der Anschauung des Mittelalters geworden sein.
Dem griechischen Beispiel folgend, versuchte man in der Vergangenheit oft, aktuelle Höchstleistungen an die Stelle der allmählich in Schutt und Asche versinkenden Wunder der Antike zu setzen. Eine Liste der Weltwunder der Stadt Rom entstand beispielsweise im Jahre 448 n. Chr. Sie enthielt die Kloaken, die Aquädukte, das Kolosseum, das Odeum, das Trajansforum, die Thermen und den Janiculus-Hügel. Ungefähr um dieselbe Zeit entstand eine Liste der bedeutendsten sieben Kirchen Roms, deren Besuch sich jeder Rompilger zur Pflicht machen sollte.
Im Zeitalter der Weltreisenden, Entdecker und Eroberer begann sich der Gesichtskreis Europas zu weiten. Erstaunliche Reiseberichte sprachen von goldenen Palästen, zyklopischen Mauern und gigantischen Tempeln, die es in fernen Ländern geben sollte. Aber erst im 17. Jahrhundert stellte man die erste »weltweite« Wunderliste zusammen. Sie umfaßte den Porzellanturm von Nanking, die Chinesische Mauer, die Hagia Sophia zu Istanbul, den schiefen Turm von Pisa, die Katakomben von Alexandria, das Kolosseum in Rom und die Steine von Stonehenge.
Bis die Menschheit merkte, daß es auf der großen weiten Welt bedeutend mehr bestaunenswerte Sehenswürdigkeiten als sieben gab, vergingen noch viele Jahre. Zwei Erscheinungen weiteten das Blickfeld: Verkehr und Publizistik. Je leichter es wurde, ferne Länder reisend zu erleben, desto schneller sprach es sich herum, was zu besuchen sich lohnte. Der Erfinder des Reisebüros, der Engländer Thomas Cook, wußte genau, warum er seine ersten Reisegesellschaften zu den ganz großen Sehenswürdigkeiten der Welt führte. Er baute dieses System der Höhepunktreisen systematisch aus. Da er es beispielsweise zu beschwerlich fand, seine Schützlinge die Besteigung des Vesuvs zu Fuß machen zu lassen, ließ er eine Vesuvbahn anlegen, die zu einem glänzenden Geschäft wurde. Und weil es keine offizielle und standesgemäße Möglichkeit gab, den Nil bis zu den Tempeln von Abu Simbel zu bereisen, richtete Cook eine eigene Dampferlinie ein.
Cook erkannte ganz richtig, daß nicht nur die Wunderwerke der Baukunst und Technik lohnende Reiseziele waren, sondern auch die Wunder der Natur. In der Postkutschenzeit, von den vorhergehenden Jahrhunderten ganz zu schweigen, hatte der durchschnittliche Reisende die Natur als seinen Feind betrachtet. Berge waren nicht schön, sondern Verkehrshindernisse, Wasserfälle zeigten bestenfalls das wütende Toben der Elemente, Vulkanen, die jederzeit ausbrechen konnten, ging man in weitem Bogen aus dem Weg. Cook reihte die atemberaubenden Schöpfungen der Natur in die Liste der Sehenswürdigkeiten ein, die sich kein Mensch entgehen lassen dürfe.
Die Zeichnung, der Reisebericht, das Foto, später der Film und das Fernsehen machten die Wunder der Baukunst und der Natur populär. Schiffs- und Flugreisen rückten die Weltwunder in erreichbare Nähe. Wurden sie deshalb weniger wunderbar? Nein, aber ihre Zahl vergrößerte sich immer mehr. Ernst von Hesse-Wartegg, der dreißig Jahre seines Lebens darauf verwandte, die unzähligen Wunder der Welt zu besuchen, beschrieb um die Jahrhundertwende in einem zweibändigen Werk über siebenhundert Wunder statt der klassischen sieben. Und dabei mußte ihm noch manches wunderbare Werk entgehen, das erst nach seiner Zeit entdeckt wurde.
Der Weltwunderbegriff hat sich gewandelt. Natürlich könnte man sich auch heute auf die historische Siebenzahl beschränken, wie es »Die Welt« in einer Leserumfrage vor zwei Jahren tat. Es kam dabei eine Liste mit folgenden Weltwundern von heute heraus: Hagia Sophia in Istanbul, Golden Gate Bridge in San Francisco, Akropolis von Athen, Eiffelturm in Paris, Chinesische Mauer, Brasília, Tadsch Mahal bei Agra. Aber gibt eine solche Beschränkung, für die keine Veranlassung zu erkennen ist, nicht ein falsches Bild?
Dieses Buch zieht den Kreis der Betrachtung weiter. Die Welt ist kleiner geworden, die Zahl der Wunder, vor allem auf dem Gebiet der technischen Großbauten, wächst von Jahr zu Jahr. Die 60 erstaunlichsten, schönsten, grandiosesten davon wurden ausgesucht. Fachleute, Kenner der betreffenden Länder, der jeweiligen Sachgebiete wirkten bei der Auswahl mit. Es wurde mit System und Sachverstand geprüft, gesiebt und verworfen. So entstand ein aktuelles Weltwunder-Panorama, das von den ägyptischen Pyramiden bis zur Reißbrett-Metropole Brasília, von Machu Picchú bis zu den Niagara-Fällen und vom Tadsch Mahal bis Kap Kennedy reicht. Es erhebt nicht den Anspruch, unfehlbar zu sein. Andere Fachleute hätten vielleicht anders geurteilt. Aber einen Weltwunder-Kanon von letzter Endgültigkeit hat es noch nie gegeben und wird es auch nie geben – dazu ist die Welt zu vielfältig und zu schnellebig, zu schön und zu wunderbar.

Artemistempel in Ephesos
Mausoleum in Halikarnassos
Zeusstatue von Olympia
Koloss von Rhodos
Pharos von Alexandria
Pyramiden von Gizeh

WELTWUNDER DER ANTIKE

Wenn man sich über die Weltwunder von heute unterrichten will, liegt es nahe, sich erst einmal der Sieben Weltwunder des Altertums zu erinnern. Jeder kennt diesen Begriff. Natürlich, da waren zunächst einmal die Pyramiden von Gizeh in Ägypten, dann die Hängenden Gärten der Semiramis in Babylon, dann – ja, dann gerät man meist schon ins Stocken, und das ist auch kein Wunder, denn außer den ägyptischen Pyramiden ist heute keins der klassischen Weltwunder mehr zu sehen. Sechs der sieben staunenswerten Bauten und Bildwerke der Antike sind längst vom Erdboden verschwunden. Von der Zeusstatue des Phidias zu Olympia und vom Koloß zu Rhodos weiß man nicht einmal, wie sie ausgesehen haben, sondern kann sie sich nur nach unvollkommenen Schilderungen oder stilisierten Münzenabbildungen vorstellen. Den Artemistempel von Ephesos, das Mausoleum zu Halikarnassos und den Pharos von Alexandria konnte man an Hand der überlieferten Unterlagen in einer Gestalt rekonstruieren, die dem Original nahekommen dürfte.

Die Hängenden Gärten

Die erste Weltwunder-Liste soll zwischen 150 und 120 v. Chr. von dem griechischen Dichter Antipatros aus Sidon verfaßt worden sein. Was ihn dazu veranlaßte, ist unbekannt. Man weiß nicht einmal, ob Antipatros die Bau- und Bildwerke aus eigener Anschauung kannte. Alle sieben Sehenswürdigkeiten wurden aus griechischer Sicht gewählt, aber nur eins der Wunder fand der Dichter auf dem Boden des heutigen Griechenland: die Zeusstatue des Phidias. Drei wunderbare Werke waren in Kleinasien zu besichtigen: der Koloß von Rhodos, der Artemistempel von Ephesos und das Mausoleum von Halikarnassos. Eine etwas weitere Reise führte schon zu den Pyramiden von Gizeh, und zur Besichtigung der Hängenden Gärten mußte man sich bis nach Babylonien bemühen.

Wunder, die sozusagen vor der Haustür lagen, ließ Antipatros weg – so die Akropolis von Athen. Andere konnte er nicht mehr aufnehmen, weil sie schon verfallen waren – so den Turm zu Babel. Er bot seinen Zeitgenossen keine Ruinen an, sondern aktuelle Sehenswürdigkeiten.

Daß es sich ausgerechnet um sieben und nicht um dreizehn oder zwanzig Weltwunder handelte, hängt mit der symbolischen Bedeutung der Zahl Sieben zusammen. Als »achte Weltwunder« betrachtete man in den späteren Jahren mehrere Dutzend bedeutender Bauwerke in der ganzen Welt. Die ersten, überaus phantasievollen Rekonstruktionen der antiken Weltwunder entstanden, als man sich in Europa der Klassik zu erinnern begann. Marten de Vos (1532–1603) und der zu seiner Zeit sehr berühmte Jesuit Athanasius Kircher, 1601 in Fulda geboren, lieferten die ersten Beiträge dieser Art, Fischer von Erlach (1656–1723) kam den Tatsachen schon etwas näher. Gültige Zeugnisse gewann man aber erst, als sich die Archäologen an die Arbeit machten.

Die Steinkolosse der Pharaonen

PYRAMIDEN VON GIZEH

»Die Zeit trotzt allem, aber die Pyramiden trotzen der Zeit«, sagt ein arabisches Sprichwort. Vor rund 4500 Jahren, etwa in dem Jahrhundert zwischen 2650 und 2550 v. Chr., wurden die drei großen Pyramiden von Gizeh errichtet, die des Cheops, des Chephren und des Mykerinos, dreier Könige aus der 4. Dynastie, von denen man nicht viel mehr weiß, als daß sie die Bauherren »ihrer« Pyramiden waren.

Auch von der Entstehungsgeschichte weiß man kaum etwas. Die detailliertesten Berichte über den Bau der Pyramiden stammen von Herodot, dem »Vater der Geschichte«. Er bereiste Ägypten im Jahre 450 v. Chr. und ließ sich von Priestern Einzelheiten erzählen, die er der staunenden Nachwelt überlieferte und die unsere Vorstellungen bis auf den heutigen Tag bestimmen. »Zunächst wurde eine Straße angelegt«, schrieb Herodot über den Bau der Cheops-Pyramide, »auf der die Steine zum Nil vom libyschen Gebirge herangeschafft wurden.« Diese Vorarbeit dauerte 10 Jahre. Um die gleiche Zeit legte man die Sargkammern an. Die eigentliche Pyramide wurde, immer nach Herodot, innerhalb von 20 Jahren errichtet. 100000 Menschen arbeiteten alljährlich an dem Bau, und zwar jeweils nur 3 Monate lang, vermutlich während der Zeit der Nil-Überschwemmung, in der die Feldarbeit ruhte. Aufgeschüttete Rampen, Rutschen, Hebel und Rollen dienten zum Transport der über 2 Millionen Kalksteinblöcke.

»Mit ägyptischer Schrift war an der Pyramide verzeichnet, wieviel für Rettiche, Zwiebeln und Knoblauch ausgegeben worden war, und wenn ich mich recht erinnere, was der Dolmetscher, der die Schrift las, mir sagte, wären 1600 Talente (etwa 7 Millionen Mark) verwendet worden«, notierte Herodot. Spätestens an dieser Stelle des Berichtes beginnt man zu stutzen. Es klingt allzu unwahrscheinlich, daß die Dragomane zur Zeit Herodots Hieroglyphen zu lesen verstanden. Aber wie steht es mit den anderen Angaben? Paul Rieppel, der sich eingehend mit den Pyramiden, ihrer Baugeschichte und der mit ihnen verbundenen Zahlenmystik beschäftigte, rechnete aus, daß bei einer Arbeiterzahl von 100000 und einer Bauzeit von 20 × 3 Monaten auf den einzelnen Menschen auch bei der Verwendung einfachster Hilfsmittel nur eine sehr geringe Tagesleistung entfallen konnte. Die verbreitete Vorstellung von den Fronsklaven oder unter der Peitsche gebeugten Zwangsarbeitern verliert damit schon an Glaubwürdigkeit. Aber konnte man an der Baustelle überhaupt solche Arbeitermengen einsetzen? Rieppel verneint diese Frage. 6000, höchstens 8000 Männer waren das Maximum. Vielleicht war man sogar mit 4000 Arbeitern ausgekommen – mehr hatten in dem großen Gebäude, das es einst neben der Cheops-Pyramide gegeben haben muß, auch gar nicht Platz.

So beginnt sich die Vorstellung von den Pyramiden als einer Stätte frevelhafter Menschenschinderei allmählich zu wandeln. Mag sein, daß die Männer der Baukolonnen glücklich darüber waren, an den göttlichen Bauten mitwirken zu dürfen. Die Namen der Bautrupps, durch Hieroglypheninschriften überliefert, lassen diesen Schluß jedenfalls zu.

Oben: Totenstadt westlich der Pyramiden, wie das Bild des kletternden Arabers *(Mitte)* von der Spitze der Cheops-Pyramide aufgenommen. *Unten:* Aus tonnenschweren Quadern besteht die Cheops-Pyramide. *Linke Seite:* Die Sphinx, 20 m hoch und 74 m lang, bewacht den heiligen Bezirk der Chephren-Pyramide *(oben)*. Ihr Fuß *(unten rechts)* gibt eine Vorstellung von den Dimensionen. *Links:* Pyramiden-Darstellung von 1670.

Blütenwunder der Semiramis

DIE HÄNGENDEN GÄRTEN

»Nebukadnezar befahl, in der Nähe seines Palastes aus Steinen Anhöhen zu errichten, ihnen die Gestalt von Bergen zu geben und sie mit allerlei Bäumen zu bepflanzen. Auf Wunsch seiner aus Medien stammenden Gemahlin legte er ferner einen jener Gärten an, wie sie in der Heimat seiner Frau üblich waren.«
Mit den hier von dem jüdischen Schriftsteller Flavius Josephus (37–100 n. Chr.) beschriebenen Gärten sind zweifellos die berühmten »Hängenden Gärten der Semiramis« gemeint. Semiramis wird von den Autoren des Altertums als eine mit göttlichen Kräften begabte Frau geschildert – aber sie war nicht Nebukadnezars Gemahlin.

Offenbar hat man die legendäre Figur der Semiramis erst später mit den Gärten von Nebukadnezars Frau in Verbindung gebracht. Denn an der Bauherrschaft des babylonischen Königs dürften keine Zweifel mehr bestehen. Als der deutsche Archäologe Robert Koldewey 1899 mit der Ausgrabung von Babylon begann, fand er in der Nordostecke der Südburg einen Gewölbebau mit tiefem Brunnen, auf den die antiken Beschreibungen genau paßten. Der Überzeugung Koldeweys, die Fundamente der Hängenden Gärten vor sich zu haben, wurde bisher nicht ernsthaft widersprochen. Um »aufgehängte« Gärten hat es sich allerdings nicht gehandelt – diese Bezeichnung dürfte wohl auf einem Übersetzungsfehler beruhen, denn das lateinische »pensilis« hat zwar diese Bedeutung, kann aber auch »balkonartig« heißen. Die Gärten von Babylon blühten auf einem terrassenförmig ansteigenden Bauwerk, einer Art von Dachgarten, den man künstlich bewässern konnte.

Es ist verständlich, daß die blühende Oase im Wüstenklima von Babylon Aufsehen erregte. Aber hätte nicht der Gedanke nahegelegen, den berühmten Turm zu Babel zum Weltwunder zu erklären? Als Alexander der Große nach Babylon kam, war der legendäre Turm schon verfallen. Die erste Weltwunderliste aber entstand erst 200 Jahre später.

Brueghels phantasievolles Gemälde des Turms zu Babel *(unten)* beeinflußte lange Zeit hindurch die Vorstellung von diesem Wunderbau. Es entstand um die Mitte des 16. Jahrhunderts, ebenso wie die drei Rekonstruktionsversuche der Hängenden Gärten *(linke Seite)*. Auf dem Bild links unten (von Marten de Vos) reitet die jagende Semiramis vor ihren Gärten.

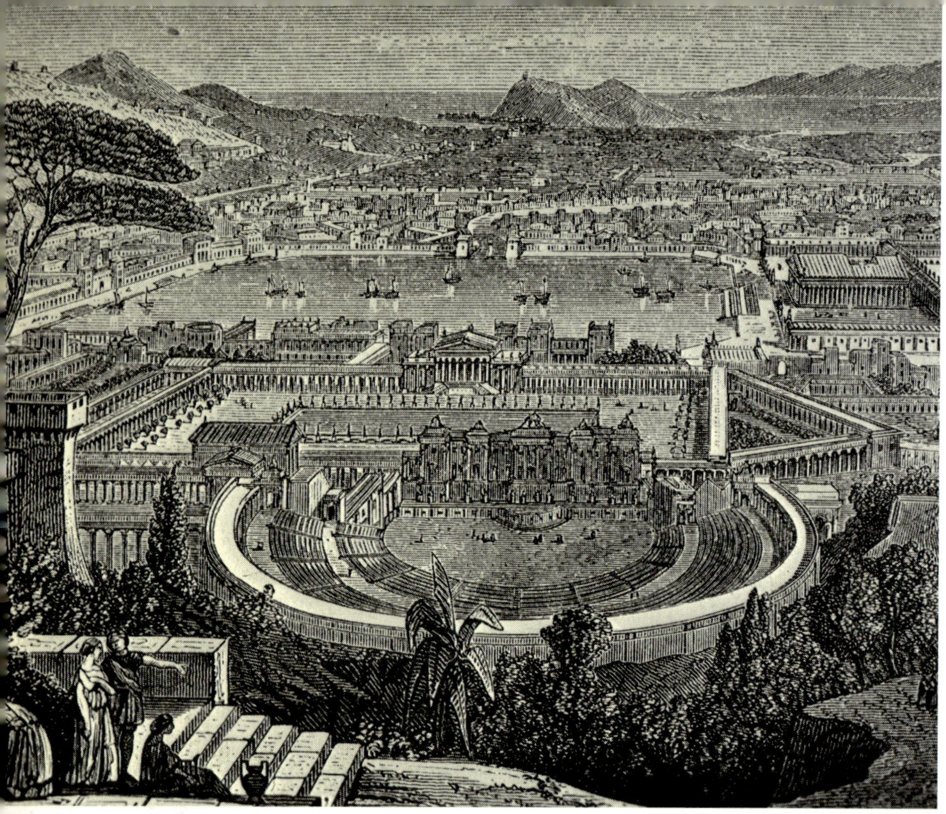

Heiligtum der Jagdgöttin

ARTEMISTEMPEL IN EPHESOS

Plinius schilderte den Prachtbau des Artemisions zu Ephesos als einen Tempel auf der Grundfläche von 73 × 141 m, ausgestattet mit 127 Säulen, von denen 36 mit plastischem Schmuck versehen waren. Man glaubte lange nicht an diese Daten, hielt sie für übertrieben. Wie konnte man ausgerechnet in Ephesos an der Küste Kleinasiens ein Heiligtum von der vierfachen Größe des Parthenons zu Athen bauen?
Nach siebenjähriger Suche fand der englische Ingenieur J. T. Wood die Stätte des Tempels von Ephesos wieder – an der Stelle des heutigen Ajasoluk. Es zeigte sich, daß Plinius nicht übertrieben hatte. Dieser Tempel mußte wirklich ein Weltwunder gewesen sein, ein Bauwerk, an dem – nach Jacob Burckhardt – Orient und Okzident zu einer unvergleichlich schönen Form mysteriös zusammengewirkt hatten.
356 v. Chr. steckte ihn ein geltungssüchtiger Mann namens Herostratos in Brand. Dinokrates ließ den Tempel an der alten Stelle nach den berühmten Plänen neu erstehen. Die Goten machten dem Weltwunder 262 n. Chr. endgültig den Garaus. Die Reste des Tempels versanken im Sumpfboden.

Zwei historische, aber falsche Rekonstruktionen des Artemis-Heiligtums *(links)*. *Oben:* Statue der Artemis, der in Ephesos verehrten Jagdgöttin.

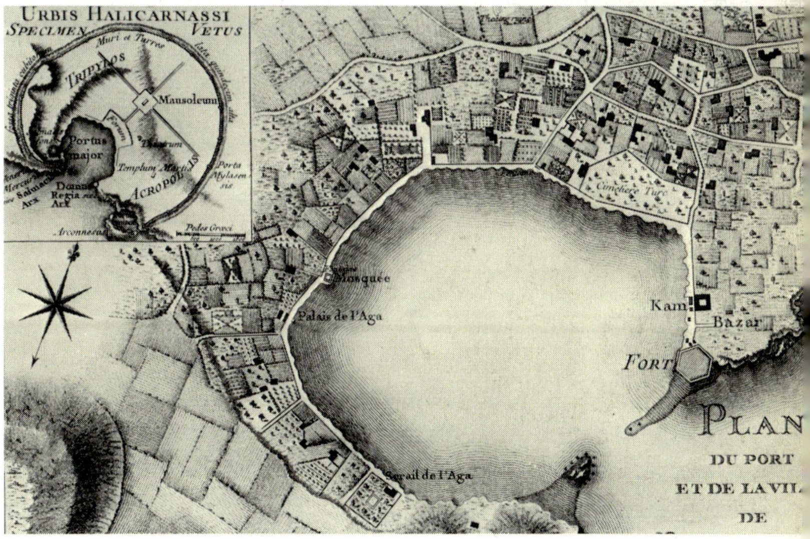

Grabmal des Statthalters

MAUSOLEUM IN HALIKARNASSOS

Ein Grabmal, das für alle Zeiten seinen Ruhm verkünden sollte, bestellte sich der um 360 v. Chr. in der persischen Provinz Karien regierende Statthalter Fürst Mausolos. Die besten Baumeister und Bildhauer wurden mit dieser Aufgabe betraut. Der reiche Fürst erlebte die Fertigstellung des Grabtempels nicht mehr.

Das Mausoleum hat sich nicht mit letzter Genauigkeit rekonstruieren lassen. Im 14. Jahrhundert benutzte der Johanniterorden das Grabmal als Steinbruch beim Bau der Petersfeste von Halikarnassos, das heute Bodrum heißt. Die Johanniter räumten so gründlich ab, daß sich nur noch am ausgemeißelten Fels erkennen ließ, wo der berühmte Bau gestanden hatte. Das Grabmal, auf einer Grundfläche von 33 × 39 m errichtet, erhob sich fast 50 m hoch und muß einst weithin sichtbar gewesen sein. Fünf Stufen trugen eine bis zur halben Höhe reichende Mauer. Auf ihr begann erst der eigentliche Grabtempel, von Säulen umgeben und mit einem stufenförmigen Dach versehen. Eine riesige Quadriga krönte den Bau.

Die Rekonstruktion des Mausoleums von Mothes *(oben)* dürfte der Wirklichkeit nahekommen. Dagegen zielt der Kupferstich aus dem 19. Jh. *(links)* an den Tatsachen vorbei. *Rechts:* Alter Plan von Halikarnassos.

Riesenstatue des Sonnengottes

KOLOSS VON RHODOS

3000 Statuen, davon 100 Bildwerke kolossalen Ausmaßes, soll es in der Antike, einem zeitgenössischen Schriftsteller zufolge, auf der reichen Insel Rhodos gegeben haben. Darunter befand sich auch die berühmteste Riesenstatue der Antike, der Koloß von Rhodos, eine aus Erz gegossene Figur des Sonnengottes Helios. Sie soll 30 bis 40 m hoch gewesen sein, 70 t gewogen und breitbeinig auf zwei mächtigen Steinsockeln über der Hafeneinfahrt von Rhodos gestanden haben, eine brennende Fackel in der ausgestreckten Hand.

Den Beschluß, die Statue ihres Schutzgottes gießen zu lassen, faßten die Rhodier, der Überlieferung zufolge, nach ihrem Sieg über den Makedonierkönig Demetrios Poliorketes im 4. Jahrhundert v. Chr. Demetrios hatte die Insel längere Zeit belagert, war dann aber erfolglos wieder abgezogen. Es heißt, die Rhodier hätten das zurückgelassene Belagerungsgerät verkauft und den Erlös für den Guß der Statue verwendet.

Der Bildhauer Chares wurde mit der Arbeit betraut. Er begann 291 mit den ersten Entwürfen. Zwölf Jahre später war das große Werk vollendet. Es stand nur etwas über 50 Jahre lang auf seinem Platz. Ein Erdbeben erschütterte Rhodos und ließ den Koloß ins Meer stürzen. Teile der mächtigen Fußröhren blieben auf den Sockeln stehen.

653 verkaufte man die Trümmer der Statue an einen jüdischen Kaufmann aus Edessa, der sie in 900 Kamellasten teilte und auf dem Festland einschmelzen ließ. Niemand weiß genau, wie der Koloß von Rhodos ausgesehen hat, aber »der Anblick muß in jedem Fall unbeschreiblich scheußlich gewesen sein, geschmacklos, widerwärtig, dazu indezent in einem ganz unerlaubten Ausmaß«, wie Willy Haas kritisch anmerkte, als er von Plänen hörte, den Koloß im Interesse des Fremdenverkehrs wieder erstehen zu lassen.

Vom Koloß zu Rhodos, der Riesenstatue des Sonnengottes Helios, sind keine authentischen Darstellungen überliefert. Die Zeichner konnten deshalb ihrer Phantasie freien Lauf lassen *(oben* und *rechts)*. Man weiß nicht einmal, ob das erzene Gebilde wirklich breitbeinig über der Hafeneinfahrt stand.

Leuchtfeuer des Sostratos

PHAROS VON ALEXANDRIA

Der Leuchtturm von Alexandria, um 300 bis 280 v. Chr. von dem griechischen Architekten Sostratos aus Knidos auf einer der ägyptischen Hafenstadt vorgelagerten Halbinsel errichtet, galt als eine der größten technischen Leistungen des Altertums. Auf einem rechteckigen Unterbau erhob sich bis zu einer Höhe von etwa 100 m ein achteckiger, schlankerer Aufsatz. Auf der obersten Plattform brannte nachts ein mit Holz und Pech gespeistes Feuer. Die Baukosten sollen fast vier Millionen Mark verschlungen haben, nach anderen Angaben das Dreifache.
Die Legende berichtet, Sostratos habe lange nach einem Baustoff für das Fundament gesucht, der dem Meerwasser widerstand, und seinen Turm schließlich auf riesigen Glasblöcken errichtet. 1375 zerstörte ein Erdbeben die Überreste des Turmes. Pharos nannte man ihn nach der Halbinsel, auf der er stand – sein Name blieb erhalten, nach seinen Ruinen hat man vergeblich gesucht.

Meisterwerk des Phidias

ZEUSSTATUE VON OLYMPIA

Vom Aussehen der Statue des Zeus im 456 v. Chr. fertiggestellten Tempel zu Olympia weiß man nur wenig. Das Götterbild aus Elfenbein und Ebenholz, reich mit Gold und Edelsteinen verziert, soll 15 m hoch gewesen sein. Als unglücklich galt bei den Griechen, wer das Nationalheiligtum nicht gesehen hatte. »Auch eine vernunftlose Kreatur müßte der Anblick des Zeus erschüttern« (Chrysostomos).
Der Zeus von Olympia war das letzte Werk des griechischen Bildhauers Phidias, von dem auch die in gleicher Technik errichtete Statue der Athena Parthenos auf der Akropolis stammte. Er stellte den obersten der Götter stirnrunzelnd dar, denn wenn Zeus die Stirn runzelte, erbebte nach griechischer Meinung der Olymp.

Drei Versuche, den Pharos von Alexandria darzustellen *(1. und 2. Reihe v. o.)*, und ein alter Plan von Alexandria mit dem Leuchtturm. *3. Reihe v. o.:* Hat so der Zeustempel mit dem goldenen Götterbild ausgesehen? *Unten:* Rekonstruktion von Olympia (19. Jh.), in der Mitte der Bau des großen Zeustempels.

Thingvellir/nahe Reykjavik
Surtsey
Stonehenge
Delta-Plan
Dom zu Köln
Gezeitenkraftwerk La Rance/nahe St-Malo
Atomium/Brüssel
Arc de Triomphe/Paris
Eiffelturm/Paris
Versailles/nahe Paris
Ronchamp/nahe Belfort
Glockner-Kaprun
Postojna-Höhlen/nahe Postojna
Montblanc-Tunnel
Dom zu Mailand
Venedig
Escorial/nahe Madrid
St. Peter in Rom
Antikes Rom
Vesuv/Neapel
Alhambra/Granada

WELTWUNDER EUROPAS

Kreml in Moskau

Als der griechische Dichter Antipatros vor über 2000 Jahren seine erste Weltwunder-Liste zusammenstellte, übersah er die Werke der Bau- und Bildkunst von Hellas bis auf eins, die Zeusstatue des Phidias im Tempel zu Olympia. Die Akropolis von Athen, heute Anlaß höchster, uneingeschränkter Bewunderung, stand damals nicht auf der Liste. War sie ihm als Reiseziel nicht weit genug entfernt? Willy Haas vermerkte ketzerisch: »Also, würde man heute sagen, ist das Ganze das typische Werbeprogramm eines Reisebüros, das auf Kurzfahrten nicht eingerichtet ist, weil man daran zu wenig verdient.«

Da dieses Buch in Europa entstanden ist (wenn auch Mitarbeiter, vor allem Fotografen, aus der ganzen Welt daran mitwirkten), könnte also die Gefahr bestehen, daß die Wunder vor der Haustür falsch eingeschätzt wurden, etwa in einer Art von »Heimatblindheit« oder in dem Gefühl, daß es mit den Dingen im eigenen Land nicht weit her sei. Diese Überlegung bringt uns einem offenbar typisch weltwunderlichen Phänomen auf die Spur. Der fremde Besucher hält nämlich nicht immer die gleichen Höchstleistungen für weltwunderwürdig wie der Einheimische. Im fremden Land bestaunt man mit Vorliebe, was es im eigenen Land in dieser Form nicht gibt. Der Landesbewohner dagegen hat sich an »seine« Weltwunder gewöhnt. Man kann nicht immerfort staunen. Es gibt eine Gewöhnung an das Wunderbare – mit Goethes Worten ausgedrückt: »Der Wunder größtes ist, daß uns die Wunder so alltäglich werden.« Ein Wunder als solches zu erkennen, setzt also die Fähigkeit voraus, sich wundern zu können.

Anlaß zum Wundern findet man in Europa beinahe allerorten. Zu den Höchstleistungen der Baukultur kommen solche der modernen Technik und der Natur. Wenn man diese drei Gebiete zur Grundlage seiner Weltwunder-Auswahl macht, wie es hier geschehen ist, rangiert Europa hinsichtlich der Vielseitigkeit des Wunderbaren weit vor anderen Erdteilen.

Bei einem so breiten Angebot fiel es besonders schwer, die in einsame Höhen aufragenden »echten« Weltwunder Europas auszusieben. Auf manchem Gebiet kam es zu einem Kopf-an-Kopf-Rennen. Hätte man nicht auch die Kathedrale von Chartres oder das Straßburger Münster berücksichtigen können? Wären nicht der Tower in London und der Hradschin in Prag, das Löwentor zu Mykene und der Kanal von Korinth, das Benediktinerkloster Cassino und der schiefe Turm von Pisa, das Heidelberger Schloß und die Wieskirche bei Steingaden »weltwunderwürdig« gewesen?

Vielleicht wird mancher das Gefühl haben, die Sowjetunion sei etwas zu stiefmütterlich behandelt worden. Das stimmt – es war leider beim besten Willen nicht möglich, von dorther aktuelle Unterlagen über technische Projekte zu bekommen oder sogar die Erlaubnis, einen Fotografen nach Sibirien zu entsenden.

ropolis / Athen

Deutschlands größte Kathedrale

DOM ZU KÖLN

Aus mancherlei Gründen verdient der Kölner Dom, Deutschlands größte Kathedrale und eine der bedeutendsten Kirchen der Welt, uneingeschränkte Bewunderung. Zunächst überwältigen seine die menschliche Vorstellung übersteigenden Maße – die Türme sind 157 m hoch, der Innenraum ist 144 m lang und fast 45 m breit, das Mittelschiff über 43 m hoch –, weiter wird die unerreichte Harmonie seiner Teile gepriesen, und schließlich empfindet man die Einheit des gotischen Systems und die geradezu schwerelose Raumgröße als außergewöhnlich.

Als 1248 unter dem Erzbischof Konrad von Hochstaden der Grundstein gelegt wurde, hatte Köln schon eine 1300jährige Entwicklung hinter sich. Um 50 v. Chr. wurde im Gebiet des heutigen Köln eine römische Kolonie gegründet, die Colonia Claudia Ara Agrippinensium. Aus Colonia wurde Cöllen und dann Köln. Dicht neben dem Dom fand man die Überreste eines römischen Palastes mit dem 75 qm großen Dionysos-Mosaik aus dem 2. Jahrhundert n. Chr., und tief im Grund des Domchors entdeckte man 1959 zwei königlich ausgestattete fränkische Gräber aus der Mitte des 6. Jahrhunderts.

Zu Anfang des 9. Jahrhunderts baute Erzbischof Hildebold, Erzkaplan Karls des Großen, eine doppelchörige Basilika, den »Alten Dom«. Diese Vorgängerkirche des heutigen Doms gewann an Ansehen, nachdem Erzbischof Rainald von Dassel, der Kanzler Kaiser Barbarossas, 1164 die Reliquien der Heiligen Drei Könige von Mailand aus in den Kölner Dom überführt hatte. Durch diese Reliquien nahm die neue Kathedrale den Rang einer Königskirche ein, bezogen auf Christus als den höchsten König. Spiegelbild dieser Bedeutung ist auch, daß im Mittelalter der Kölner Erzbischof den deutschen König in Aachen krönte und die beiden ersten Sitze des Chorgestühls im Dom zu Köln stets für Kaiser und Papst reserviert waren.

Der 1248 begonnene Bau kam nur zögernd voran. Der Chor konnte 1320 vollendet und 1322 geweiht werden. Bis 1400 folgte der Südturm mit zwei Geschossen, vom 14. bis zum 16. Jahrhundert wurden Lang- und Querhaus bis zu einer Höhe von 15 und 18 m hochgeführt. Dabei blieb es bis ins 19. Jahrhundert. Nur der Chor des gewaltigen Torsos diente gottesdienstlichen Zwecken. Lange Zeit hatte es den Anschein, als sei nie mehr an eine Vollendung des Werkes zu denken. »Allmählich verlor sich jeder Sinn und jedes Verständnis für die mittelalterliche Bauweise«, heißt es in der Festschrift, die 1880 anläßlich der Fertigstellung des Doms herausgegeben wurde. »Man würde es für eine Versündigung am Geist der Zeit gehalten haben, wenn man es hätte unternehmen wollen, die Ruine des Doms im alten Stil zu vollenden.«

Immer wieder forderte man den Weiterbau der Kathedrale. »Wären das Kirchenschiff, die kolossalen Türme und die übrigen Bauteile vollführt, so würde Europa nichts Größeres aufzuweisen haben, was den alten Weltwundern gleichgestellt werden könnte«, schrieb ein Beobachter um das Jahr 1600. Es lag nicht nur am Geld, sondern am Wandel der Auffassungen: »Als die Gotik dem neuen Zeitgeist zum Opfer gefallen war, bequemte man sich auch in Köln zum Anschluß an Rokoko und Zopf. Man überbot einander im Überkleistern, Abhobeln und Verstümmeln der vorhandenen alten Kunstwerke.«

Die entscheidenden Impulse zum endgültigen Ausbau gingen von S. Boisserée aus, der auch Goethe zu interessieren vermochte. In den Jahren 1842 bis 1880 wurden dem gigantischen Torso »im Geist der Alten« die fehlenden Teile hinzugefügt. Sie verbanden sich bruchlos mit dem alten Bestand, nur die Plastiken erreichten weder die Reife noch die Aussagekraft der mittelalterlichen.
Bald wurde der Dom zu Köln als Symbol Deutschlands angesehen. Aber seine tiefere Bedeutung liegt doch auf anderem Gebiet. Die Entmaterialisierung des Steines und des Lichtes (durch die Farbigkeit der Fenster) ist als Abbild der Himmelskathedrale aufzufassen. So wirkt dieser Bau bei aller Monumentalität schwerelos. Um das zu erspüren, muß man sich vergegenwärtigen, daß beispielsweise ein einziger Schlußstein im Hochschiff ein Gewicht von fast 40 Zentnern hat.
Über die Kunstschätze des Doms sind viele Bücher geschrieben worden. Erwähnt sei das um 970 entstandene Gerokreuz, die älteste erhalten gebliebene großplastische Darstellung des Gekreuzigten. Von internationalem Rang ist der Dreikönigenschrein, das größte Goldschmiedewerk der Welt, begonnen nach 1181 von Nikolaus von Verdun und von Kölner Meistern um 1220 vollendet. Als künstlerisch bedeutsamste Bildwerke Deutschlands aus dem frühen 14. Jahrhundert gelten die Apostelplastiken an den Pfeilern des Chores. Nicht weniger sehenswert sind die mittelalterlichen Fenster und die strahlenden Werke der Schatzkammer. Als Hauptwerk der Kölner Malerschule des 15. Jahrhunderts gilt das dreiteilige Dombild von Stephan Lochner.
Im zweiten Weltkrieg wurden u. a. die Gewölbe im Hochschiff des Langhauses und im nördlichen Querschiff zerstört. Elf Jahre lang war die Dombauhütte mit ihren 70 Werkleuten damit beschäftigt, diese Schäden zu beseitigen. Man hielt sich dabei an die historischen Pläne. Der Dom zu Köln ist heute wieder eine formvollendete Einheit.

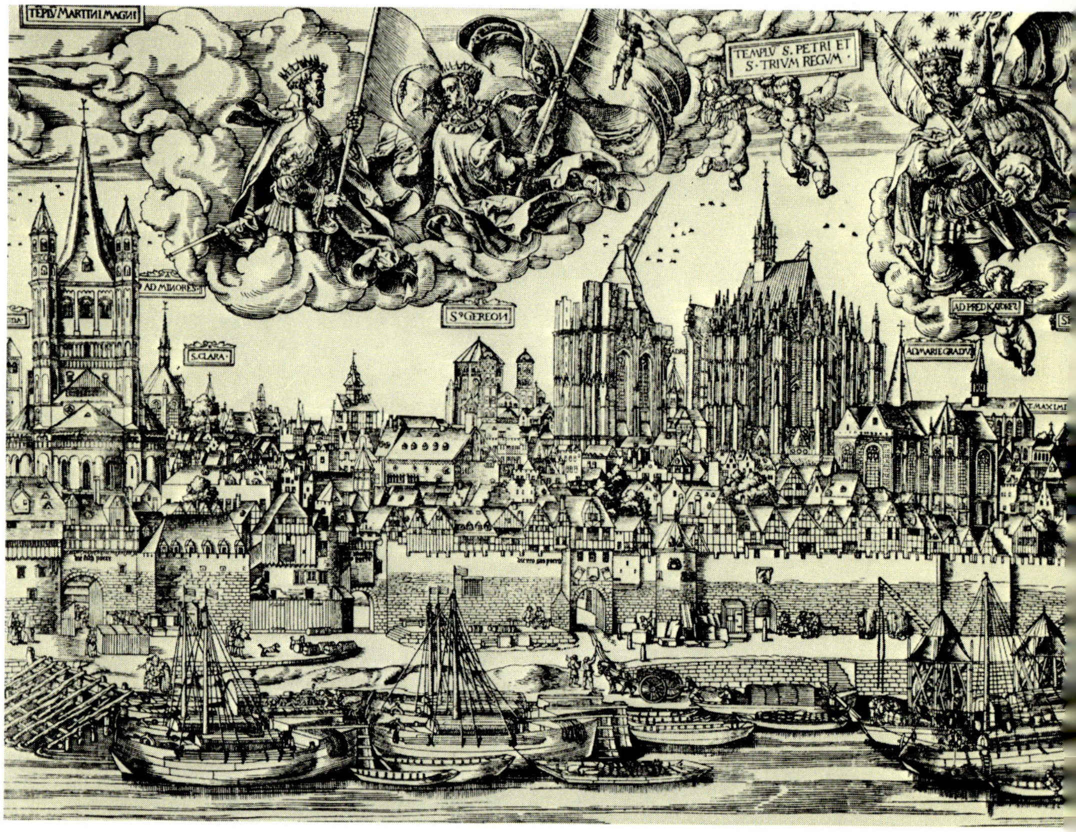

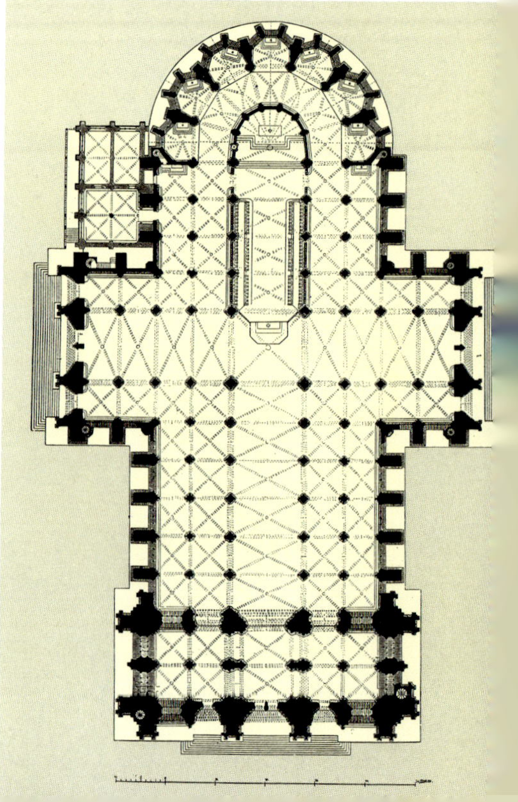

Der Dreikönigenschrein *(oben links:* goldene Frontplatte) gehört zu den kostbarsten Kunstschätzen des Doms. *Oben rechts:* Südportal mit den von Mataré entworfenen Türen. Jahrhundertelang blieb der halbfertige Dom als Torso stehen *(Mitte:* Stich aus dem Jahre 1531). *Unten links:* Eine der für die Domtürme bestimmten Kreuzblumen. *Unten rechts:* Der kreuzförmige Grundriß des Kölner Doms. *Rechte Seite:* Langhaus und Chor des Doms.

Das Talsperrensystem im Bereich des Großglockners ist Österreichs größte Wasserkraftanlage. Im internationalen Vergleich nehmen sich die in drei Talsperren (Margaritze, Wasserfall- und Moserboden) gespeicherten 170 Millionen cbm Wasser ebenso wie die Kraftwerksleistung von 200 000 kW dagegen längst nicht so imposant aus. Trotzdem horchte die Welt auf, als die ersten Berichte über das Kaprun-Werk an die Öffentlichkeit drangen. Man wußte nicht, was man mehr bewundern sollte – den Mut, mit dem die Österreicher an die Arbeit gingen, im praktisch unerschlossenen Hochgebirge unter schwierigsten klimatischen und technischen Voraussetzungen bis zu 120 m hohe Staumauern zu bauen, oder die Entschlossenheit, die relativ geringen Wassermengen so sorgfältig wie möglich zu erfassen und auszunützen.
Das 12 km lange Kapruner Tal hat ein Gefälle von 1200 m. Ein kompliziertes System von Straßen, Seilbahnen, Schrägaufzügen und Kabelkränen mußte eingerichtet werden, um Menschen, Material und Maschinen zu transportieren. Das Bauen im Hochgebirge – betonieren konnte man ohnedies nur an 150 Tagen des

Jahres – erwies sich als ein dramatisches und gefährliches Abenteuer. Lawinen, Bergrutsche, Wetterstürze machten den »Barabern« oft das Leben zur Hölle. Aber sie hielten durch. Von den Sorgen merkt man heute nichts mehr. Kaprun ist längst zur Selbstverständlichkeit geworden.

Rechts: Am Fuß des 3798 m hohen Großglockner-Gipfels (links im Bild) erstreckt sich der 10,2 km lange Pasterzengletscher, dessen Schmelzwasser vom Speicher Margaritze aufgenommen werden. *Oben:* Speicher Moserboden der Glockner-Kaprun-Gruppe.

Kraftwerk in den Hochalpen
GLOCKNER-KAPRUN

Von einem Bauwerk, das »als Krönung der Weltausstellung ein Symbol für die ganze Menschheit ist«, träumten die Veranstalter der Expo 1958 in Brüssel. Ingenieur und Industrie-Manager André Waterkeyn machte einen verblüffenden Vorschlag: die naturgetreue Rekonstruktion der neun Atome eines Alpha-Eisenkristalls sollte das Ausstellungsgelände am Laekener Schloßpark überragen – im Maßstab 1:150 Milliarden. »Denn was«, begründete er seinen Vorschlag, »verkörpert den Fortschritt in den Augen der Menschheit deutlicher als die Atomspaltung?« Die Jury war Feuer und Flamme. Als »Atomium« wurde Waterkeyns 110 m hohe Stahl-Aluminium-Konstruktion die Sensation der an architektonischen Überraschungen reichen Ausstellung.

Als die Expo 1958 ihre Pforten schloß, waren die neun silbernen Atomium-Kugeln Brüssels neues Wahrzeichen geworden. Sie verdrängten sogar »Brüssels ältesten Bürger«, das Männeken Pis, von den Plakaten der belgischen Fremdenverkehrswerbung. Weithin sichtbar schweben sie scheinbar schwerelos über der belgischen Hauptstadt. Ihren starken Glanz verdanken sie einer 2 mm dünnen, elektrolytisch behandelten Aluminiumhaut. Nachts zeichnen unzählige Glühbirnen ihre Konturen nach.

Das Atomium hat nicht nur ein einnehmendes Äußeres, sondern auch ein interessantes, vollklimatisiertes Innenleben. 20 m mißt jede der neun glitzernden Silberkugeln im Durchmesser. Über fünf Rolltreppen – darunter die längste Europas, behaupten die Belgier – und etliche Stiegen gelangt man durch 3 m breite Verbindungsröhren in die Seitenkugeln, in eine Imbißstube und eine ständige Ausstellung über die friedliche Nutzung der Atomenergie. Ein schneller Fahrstuhl trägt die Besucher mit 5 m Sekundengeschwindigkeit in die Hauptattraktion des Atomiums, das kreisrunde, gemütliche Restaurant in der höchsten Kugel. Bei Brüsseler Poularde und belgischem Bier hat man von hier oben einen großartigen Blick über die Stadt.

Das Atomium, Brüssels Wahrzeichen, erhebt sich 110 m hoch über der belgischen Hauptstadt *(rechte Seite)*. Zauberhaft ist der Anblick in den Abendstunden *(oben)*. Der Fuß der Konstruktion *(unten)* macht die gewaltigen Dimensionen des Atomiums deutlich.

Symbol des Atomzeitalters

ATOMIUM

54

Hollands Kampf mit dem Wasser

DELTA-PLAN

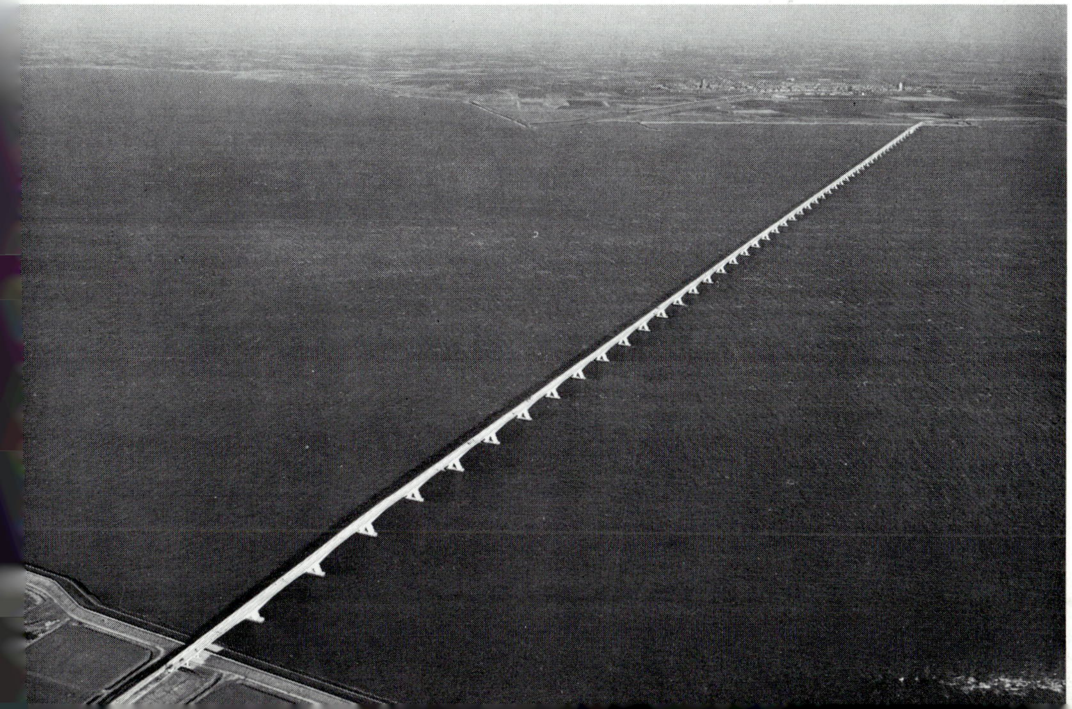

Höhenlage: 4 m unter dem Meeresspiegel« steht auf einem Schild am Empfangsgebäude des Amsterdamer Flugplatzes Schiphol. Fast die Hälfte der Niederlande liegt tiefer als der mittlere Meereswasserspiegel. Seit 1200 Jahren führen die Holländer einen erbitterten Kampf mit dem Meer. Deiche und Dünen mit einer Gesamtlänge von 1800 km schützen das Land. Seit 75 Jahren wird an der Abriegelung und teilweisen Trockenlegung der Zuidersee gearbeitet.

Besonders gefährdet ist seit jeher das südwestliche Küstengebiet mit seinen vielen Inseln und Halbinseln, ein riesiges Flußdelta im Bereich der Mündungen von Rhein, Schelde und Maas. Als bei der letzten Flutkatastrophe vom 1. Februar 1953 nach Hunderten von Deichbrüchen Zehntausende von Hektar fruchtbares Land überschwemmt wurden, ließ die Regierung umgehend Pläne zur Verkürzung der Küstenlinie des Delta-Gebietes um 700 km ausarbeiten. Der Delta-Plan sieht neben einigen kleineren Dämmen die Abriegelung von vier breiten und tiefen Meeresarmen vor. Zwei Wasserwege zu den Häfen von Rotterdam und Antwerpen sollen offenbleiben. Innerhalb von 20 Jahren will man das Projekt bewältigen. Kosten: etwa 3 Milliarden Gulden.

Die Ausführung des gigantischen Planes wurde schleunigst begonnen. An mehreren Stellen zugleich entstanden Großbaustellen. Im Rahmen des »Drei-Insel-Planes« verband man 1960–61 Walcheren, Nord- und Süd-Beveland durch gewaltige Dämme. 1964 stellte man den Grevelingen-Damm zwischen Overflakkee und Duiveland fertig.

Auch der Haringvliet-Damm erfüllt schon seine Funktion. Er ist mit einem System von 17 Doppelschleusen ausgerüstet, von denen jede 425 t wiegt und sich auf einer Breite von über 56 m öffnet.

Und fast nebenbei entstanden auch noch zwei riesige Brücken, eine über das Haringvliet, eine zweite, über 5 km lange, über die Oosterschelde. Sie hält zur Zeit den Rekord der längsten Brücke Europas.

Oben: Ein neuer Damm wird mit Hilfe riesiger Senkkästen geschlossen. *Mitte:* Das kilometerlange Schleusensystem des Haringvliet-Dammes. *Unten:* Oosterscheldebrücke. *Linke Seite:* Der Grevelingen-Damm zwischen Overflakkee und Duiveland ist fertiggestellt. *Vorhergehende Doppelseite:* Die 5 km lange Oosterscheldebrücke, Europas längste Brükke, von Nord-Beveland aus aufgenommen.

Spaniens stolzester Bau

ESCORIAL

Düster, kalt, unnahbar finden ihn die einen, gewaltig, monumental, majestätisch die andern. Seit Philipp II. den in dreißigjähriger Arbeit mit einem Kostenaufwand von 5260570 Dukaten errichteten Bau, eine Mischung aus Palast, Kloster und Totengruft von gigantischen Ausmaßen, in die Einsamkeit des Granitgebirges der Sierra de Guadarrama stellen ließ, sind die Stimmen der Kritiker nicht verstummt. Maßlose Verschwendung und eine an der spanischen Hofetikette ausgerichtete Baugesinnung warfen manche Historiker den Erbauern vor. Für die Spanier ist das »Real Monasterio de San Lorenzo del Escorial« – so der offizielle Name – *das* spanische Baudenkmal, wie der »Don Quijote« von Cervantes als *die* spanische Dichtung gilt.

Die Kunsthistoriker unserer Tage beurteilen den Klosterpalast mit den 16 Höfen, 2673 Fenstern, 1200 Türen, 86 Treppen und 88 Springbrunnen, dessen Gänge abzuschreiten einen Fußmarsch von 160 km erfordern würde, durchaus wohlwollend. Für sie ist der schmucklose, strenge Stil des Escorial wie ein Gruß über die Jahrhunderte. »Estilo Herreresco«, Herrera-Stil, nennt man diesen Baustil. Juan de Herrera (um 1530–1597) war der Baumeister Philipps II. Er vollendete, was sein Lehrer Juan Bautista de Toledo 1563 begonnen hatte.

Als Philipp II. den Entschluß faßte, in der Gebirgseinsamkeit einen monumentalen Palast bauen zu lassen, war Madrid noch nicht Hauptstadt Spaniens. Philipp hatte am 10. August 1557, dem Tag des heiligen Laurentius, die Franzosen bei St-Quentin besiegt. Der Escorial sollte an diesen Sieg erinnern – sein gitterförmiger Grundriß symbolisiert den Rost, auf dem St. Laurentius den Märtyrertod erlitt.

Toledo und Herrera ordneten die vom König befohlenen Bauten der Palastanlage zu einem 207 m langen und 161 m breiten Rechteck mit Türmen an den vier Ecken. Es entstanden ein Kloster, eine riesige, an St. Peter in Rom orientierte Kirche, ein königlicher Palast, in dem Philipp II. für sich selber nichts wünschte als eine Zelle, wo er seine müden Glieder zur Ruhe tragen könne, schließlich ein Museum, eine Bibliothek und das »Panteón de los Reyes« mit den Särgen der spanischen Könige. Philipp II. ließ den Leichnam seines Vaters und großen Vorbildes, Karls V., in der Krypta unter der Kirche beisetzen. Der Platz neben dem toten Kaiser blieb frei. »Wenn ein Nachkomme Karls V. ihn in der Kühnheit seiner Taten übertrifft, dann mag er diesen Platz einnehmen«, verkündet eine Inschrift neben der Grabstelle.

Der Platz ist noch heute frei. Philipp II. maßte ihn sich nicht an. Seine Regierungszeit verlief nicht so glanzvoll wie die seines Vaters – man braucht sich nur an den Untergang der Armada, an den Tod des Don Carlos und an den Verrat des Sekretärs Pérez zu erinnern. Der König starb in einer der Oratorienkammern seiner Kirche, den Blick auf den Hauptaltar gerichtet.

Seinen Nachfolgern mißfiel der strenge Zuschnitt der Palastanlage. Sie »verbesserten« die Ausstattung im Stil des 17. und 18. Jahrhunderts. Aber die »Schutthalde« – das ist die wörtliche Übersetzung von »Escorial« – änderte ihren Charakter nicht. Heute wie einst liegt der gewaltige Bau in der strengen Landschaft, ein Granitblock im Granitgebirge.

»Der Escorial gehört zu den stärksten künstlerischen Eindrücken der Welt, zu den größten Schloßbauten der Kunstgeschichte«, urteilte Franz Litschauer.

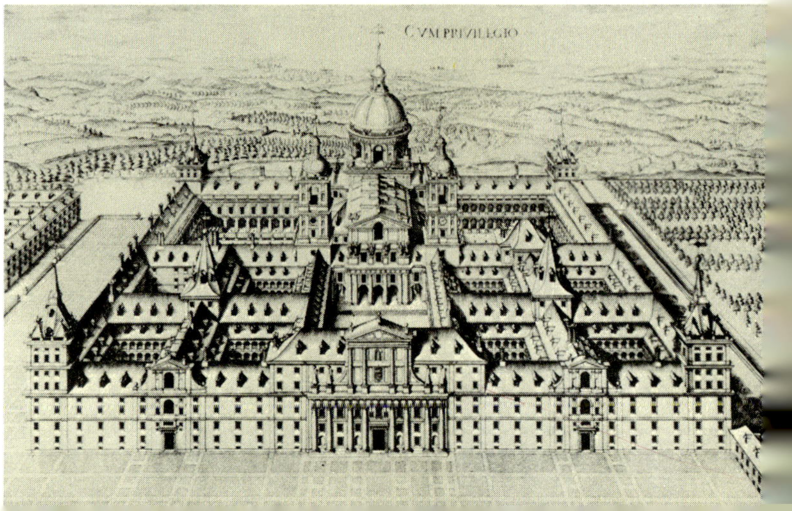

In der Vogelschau enthüllt sich der gitterförmige Grundriß des Palastes *(unten;* nach einem Druck, 1587). Die Kuppelspitze *(Mitte)* liegt 95 m über dem Boden der nach dem Vorbild von St. Peter in Rom erbauten Kirche. *Oben:* Festliche Beleuchtung verzaubert das Bild des streng komponierten Bauwerks – der Escorial, wie ihn die Touristen kennenlernen.
Rechte Seite: Der Escorial mit der Sierra de Guadarrama *(oben)*. *Unten:* Die »Antesala de Embajadores«, das »Vorzimmer der Gesandten«.

Maurenschloß über Granada
ALHAMBRA

»Wer Granada nicht gesehen hat, der hat nichts gesehen«, behaupten die Granadenser seit jeher von ihrer Stadt. Alexandre Dumas ging mit seinem Lob noch weiter: »Gott schuf die Alhambra und Granada für den Fall, daß er eines Tages seines Wohnhauses müde würde.« Als »Traum, der zur Wirklichkeit geworden ist«, gelegen in einer »von der Sonne geküßten Landschaft«, feierten andere Dichter die »Perle Andalusiens«.

Wer die Alhambra gesehen hat, wird diesen Überschwang verständlich finden. Der berühmteste Zeuge islamischer Architektur in Europa, ein Bild versunkener Macht und Herrlichkeit, beeindruckt schon äußerlich durch die Grandiosität seiner roten Türme und Mauern. »Kalat al-hamra«, die rote Burg, nannten die Mauren den Palast, dessen Innenwände den Eindruck machen, als seien sie aus Brüsseler Spitzen gebaut.

Granada, heute eine Stadt von fast 160000 Einwohnern und die Hauptstadt Hochandalusiens, erlangte erst nach Beginn der arabischen Herrschaft über Spanien (711 n. Chr.) größere Bedeutung. 1031 wurde es Hauptstadt eines selbständigen Königreiches. Es entwickelte sich in den folgenden Jahrhunderten zu einem Mittelpunkt der maurischen Kultur, Kunst und Wissenschaft. In die Blütezeit des Königreichs Granada fällt die Begründung der Alhambra. Mohammed I. (1232–1272), der erste Nasridenherrscher, ließ auf dem Monte de la Asabica mit dem Bau einer Königsburg beginnen.

Um diese Zeit hatte die Reconquista, die Wiedereroberung Spaniens durch die christlichen Könige des Nordens, längst begonnen. Das maurische Einflußgebiet wurde immer kleiner. Als schließlich Mohammed V. (1354–1391) die heute noch sichtbaren Prachtbauten der Alhambra mit ihrer an die Märchen aus Tausendundeiner Nacht erinnernden prunkvollen Ausstattung zu bauen befahl, war Granada als einziges maurisches Reich in Spanien übriggeblieben.

Hundert Jahre nach dem Tod des fünften Mohammed ging auch dieser Traum zu Ende. Die Katholischen Könige Aragoniens und Kastiliens zogen in Granada ein und besetzten auch die Alhambra. Boabdil, der letzte maurische Herrscher in Spanien, verließ weinend seine Burg durch die Puerta de los Siete Suelos und bat, man möge dieses Tor zum Palast aller Paläste für alle Zeiten versiegeln. So erzählt jedenfalls die Sage, und sie berichtet weiter, Boabdil habe sich auf der Flucht über die Sierra Nevada noch einmal tränenden Auges umgewandt, um einen letzten Blick auf Granada zu werfen – »El Suspiro del Moro«, der Seufzer des Mauren, heißt dieser Ort noch heute –, sei aber ob seiner Kleinmütigkeit von seiner Mutter Aischa verspottet worden: »Weine nicht wie ein Weib, da du nicht kämpfen mochtest wie ein Mann!«

Granada blieb auch nach dem Abzug der Mauren eine Stadt mit arabischem Gesicht. Die Eroberer ließen zum Gedenken an ihren Sieg eine Kathedrale bauen, in der später die »muertos immortales« (unsterblichen Toten) Ferdinand und Isabella, die Katholischen Könige, beigesetzt wurden. Über der Alhambra wehten die kreuzgeschmückten Fahnen Aragoniens und Kastiliens. Das kunstvolle Bauwerk begann bald zu verfallen. Ab-

Der Löwenhof war einst der Mittelpunkt der königlichen Winterwohnung. Er hat seinen Namen vom Löwenbrunnen, der »Fuente de los Leones«.

seits des Maurenpalastes ließ sich Kaiser Karl V. von dem in Rom ausgebildeten Pedro Machuca einen Palast bauen, der niemals vollendet wurde, aber dennoch als bedeutendstes Zeugnis der Hochrenaissance auf spanischem Boden gilt. Später wurden die Räume der Alhambra zum Zufluchtsort für Vagabunden und Zigeuner. Während der Napoleonischen Kriege sorgte Wellington dafür, daß einige Räume wieder hergerichtet wurden. 1812 ließen die Franzosen einen Teil der Festung sprengen. Im 19. Jahrhundert erinnerte man sich der verkommenen Schätze und begann mit der Restauration.
Heute bietet sich die Alhambra dem Auge des Besuchers wieder in vollendeter Schönheit dar. Er bewundert die arabischen Gärten am Fuß des Schloßbezirks, besucht die Zitadelle (Alcazaba) mit ihren gewaltigen Mauern und Terrassen, vergleicht den Palast Karls V. mit den maurischen Bauten und unternimmt einen Abstecher zum Palacio del Generalife, dem Sommersitz der maurischen Könige, einst als Dschennat al-Arif, Garten des Arif, errichtet und mit seinen Parkanlagen von vollendeter Schönheit.
Alle diese sehenswerten Bauten und Gärten verblassen jedoch vor dem märchenhaften Prunk des eigentlichen Alhambrapalastes (»Palacio árabe«). Von außen macht er einen unscheinbaren Eindruck, wie alle maurischen Profanbauten. Um so überwältigender ist die innere Gestaltung. Berühmt sind die beiden großen Höfe, der Myrtenhof mit seinen Nischen und Galerien und der Löwenhof mit dem Brunnen, dessen Schale zwölf schwarze Marmorlöwen tragen. Im Comaresturm findet sich der Saal der Gesandten, einst der Prachtsaal der Könige, in

dem Boabdil vor der Übergabe von Granada zum letztenmal seine Ratgeber um sich versammelte.
Es gäbe noch mancherlei zu erwähnen – die unterirdische Badeanlage etwa, eingeteilt in Kinder-, Dampf- und Frauenbäder; das an die steile Felswand geklebte Toilettenzimmer der Königin; den Saal der Abencerragen, in dem der Sage nach mehrere Mitglieder des Abencerragengeschlechts wegen eines Liebesverhältnisses ihres Oberhauptes Hamet mit der Frau Boabdils geköpft wurden.
Am eindrucksvollsten ist bei aller Vielfalt der Stil der Innenausstattung mit Decken und Bögen, die in ihrer Gliederung an Tropfsteinhöhlen erinnern, und Wänden, die mit arabischen Inschriften übersät sind.
»Musik ist wohl die einzige Sprache, die solche Schönheit recht zu schildern vermöchte«, bekannte Kurt Hielscher. »Wie Perserteppiche und Kaschmirschals wallt es an den Wänden hernieder in einer Farbenglut, als sei ein Regenbogen vom Himmel herniedergefallen und habe sich über die Wände ergossen.« Die Erbauer selbst waren nicht zaghaft mit Lob. Eine der arabischen Inschriften an den Alhambrawänden besagt: »Mich hat Allah mit einer solchen Fülle von Schönheit überschüttet, daß selbst die Gestirne am Himmel in ihrem Lauf gefesselt stillstehen und auf mich herniederschauen.«

Der zierliche Myrtenhof *(links)* wird beherrscht von der Silhouette des Comaresturms. Durch prachtvolle Bogengänge (*rechts)* gelangt man in die Sala de los Reyes (Saal der Könige). *Untere Reihe v. l.:* Detail vom Löwenbrunnen; Turm der Damen mit Garten; Detail aus dem Saal der Könige. *Linke Seite:* Türme und Mauern der Alhambra angesichts der Sierra Nevada.

Die sterbende Stadt

VENEDIG

Über Venedig ist mehr geschrieben worden als über die meisten anderen Städte der Welt. Petrarca fand es 1364 »reich an Gold, aber reicher noch an Ruhm«, Goethe meinte 1786, diese Stadt könne man mit keiner anderen vergleichen, Ernst Moritz Arndt entrüstete sich 1798 über »widerliche Anblicke und Gerüche«, Charles Dickens schwärmte 1844, die Wirklichkeit Venedigs gehe »über die Einbildungskraft des wildesten Träumers hinaus«, und Thomas Mann nannte 1913 Venedig die »unwahrscheinlichste der Städte«.

Die Anfänge der Stadt auf den 117 Inseln und Inselchen in der von einer Sandbank, dem Lido, geschützten Lagune gehen auf das 5. Jahrhundert n. Chr. zurück. Damals flüchteten die von den Hunnen heimgesuchten Bewohner von Aquileja auf einige der sumpfigen Inseln. Aus der Zufluchtsstätte wurde ein Herzogtum mit einem Dogen an der Spitze (697) und schließlich eine seebeherrschende Handelsmetropole, die dem heiligen Markus geweiht war, seit man 827 die Gebeine des Apostels aus Alexandria nach Venedig gebracht hatte. 1204 eroberte der Doge Enrico Dandolo Konstantinopel.

Im 15. Jahrhundert war Venedig mit über 200000 Einwohnern das Zentrum des Welthandels und die größte Hafenstadt der Welt. Die an orientalische Vorbilder erinnernden Prachtbauten wurden nun noch prunkvoller. Neue Paläste entstanden, reich ausgestattet von Künstlern wie Tintoretto und Veronese, Tizian und Giorgione. Die Stadt mit den 150 Kanälen und 400 Brücken hatte ihren Höhepunkt erreicht. Der Abstieg begann, als die Türken den Venezianern Konstantinopel wegnahmen. Geradezu niederschmetternd wirkte sich die Entdeckung des Seeweges nach Indien durch die Portugiesen aus. Von einem Tag zum anderen war der Pfeffer in Lissabon um ein Fünftel des Preises zu haben, den man in Venedig verlangte. Die Handelsverbindungen verödeten, Macht und Reichtum schwanden, Venedig wurde zur sterbenden Stadt.

Sie sieht heute im wesentlichen immer noch so aus wie zur Zeit ihrer Hochblüte. In den Augen vieler Touristen erstarrte das Venedig von einst zu einem steinernen Monument, das man gesehen haben muß. Besondere Anziehungspunkte sind neben dem Markusplatz mit seinem 175 m langen Prunkhof, der säulen- und mosaikengeschmückten Markuskirche mit dem freistehenden, 99 m hohen Campanile und dem eindrucksvollen Dogenpalast mit seinen Spitzbogenarkaden vor allem das Kanalsystem mit dem fast 4 km langen Canal Grande, der die Stadt in weitem, S-förmigem Bogen durchzieht. Die romantische Gondelfahrt auf dem großen Kanal gehört auch heute noch zum Programm des Venedigbesuchers, obwohl die 400 Gondeln (1750 waren es über 12000) gegenüber den motorgetriebenen Booten längst hoffnungslos in der Minderheit sind. Theodor Fontane, der Venedig 1874 besuchte, fand die Stadt zauberhaft und poetisch, andererseits aber auch schmutzig – wie ein schönes Mädchen mit ungewaschenem Hals. »Sie bedarf des Mondlichts, bei dem man sie nur halb sieht«, notierte er. In der Tat darf alle Pracht der Vergangenheit nicht darüber hinwegtäuschen, daß Venedig nicht nur historisch, sondern auch materiell eine sterbende Stadt ist. Die auf schwankendem Boden, mit einem Balkenrost oder Holzpfählen als Fundament errichteten Palazzi versinken allmählich in der Lagune. Viele von ihnen, vor allem die Häuser in Privatbesitz, sind in einem erbärmlichen Zustand.

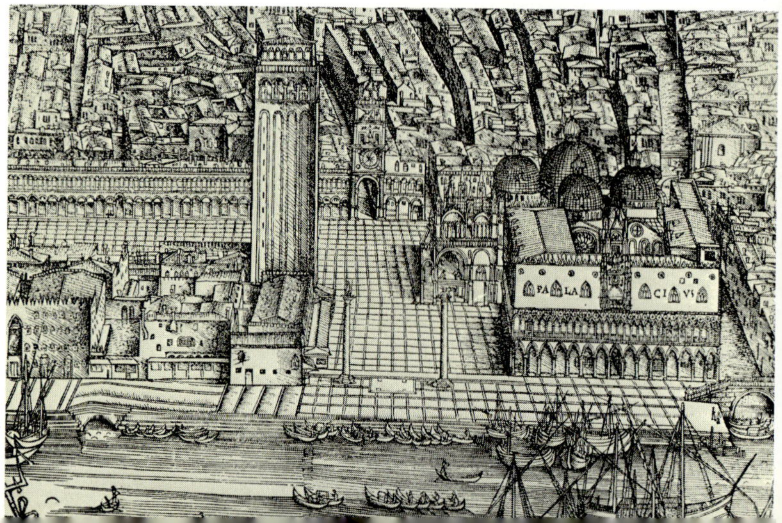

Oben: Uhrturm am Markusplatz; vorn eins der Bronzepferde von San Marco. *Mitte:* Ansicht des Dogenpalastes. *Unten:* Markusplatz und Hafen, 15. Jh. *Rechte Seite:* Rialtobrücke *(oben links)*, Markuskirche *(darunter)* und Canal Grande mit Regatta *(rechts)*. *Unten:* Luftbild des Zentrums von Venedig. *Vorhergehende Doppelseite:* Verzaubertes Venedig in der Dämmerung.

MOSTRA DEI GUARDI

Gotik jenseits der Alpen

DOM ZU MAILAND

Ein verwirrendes Filigranwerk von Türmchen und Türmen, Spitzen und Zacken, Galerien und Statuen schmückt die weiße Marmorpracht des Mailänder Domes, der nach St. Peter in Rom zweitgrößten Kirche der Welt. 40000 Menschen haben in dem 148 m langen und mit einer Grundfläche von 11700 qm fast das Doppelte des Kölner Domes erreichenden Kirchenschiff Platz. Die kreuzförmige Basilika wurde nach gotischen Vorbildern entworfen; sie stellt das mächtigste gotische Bauwerk südlich der Alpen dar. In der Umgebung des weiten, von palastartigen Bauten gesäumten Domplatzes wirkt sie trotzdem merkwürdig »ungotisch«.

Jacob Burckhardt nannte den Dom einen »verhängnisvollen Kompromiß zwischen der italienischen Kompositionsweise und einem spät aufflammenden Eifer für die Prachtwirkung des nordischen Details«. Er fuhr fort: »Italienisch, und zwar speziell lombardisch ist die Fassade gedacht, und alle Spitzentürmchen können ihr den breiten Charakter nicht nehmen; italienisch ist auch die geringe Überhöhung der mittleren Schiffe über die äußeren. Im übrigen herrscht das unglücklichste Zuviel und Zuwenig der nordischen Zutaten.«

Der zwiespältige Eindruck des prominenten Kritikers läßt sich aus der Baugeschichte des Doms erklären, die sich über sechs Jahrhunderte ausdehnt. Initiator des Bauwerks war der prunkliebende erste Herzog von Mailand, Giovanni Galeazzo Visconti. Bald nachdem er seinen Herrscherthron durch List und Gewalt erobert hatte, ließ er Pläne für einen machtvollen Kirchenbau ausarbeiten, zu dem er am 15. März 1386 den Grundstein legte. Den italienischen Baumeistern stellte er französische und deutsche Ratgeber zur Seite. Offenbar bewies er bei der Wahl seiner Architekten keine glückliche Hand, denn sie gerieten immer wieder in Streit, worunter wiederum der Fortgang der Arbeiten litt. Erst 150 Jahre nach Baubeginn konnte man die Kuppel wölben. Nach weiteren sechzig Jahren entstanden Krypta, Baptisterium und Marmorboden. Mit der Fertigstellung der Fassade ließ man sich Zeit bis zu Beginn des 19. Jahrhunderts, so daß sich barocke und neugotische Einflüsse mischten.

Für den Turm über der Kuppel hatte Napoleon einen bedeutenden Beitrag geleistet. Zum Dank dafür ließ man seinen Kopf in Stein meißeln und setzte ihn einer der 2300 Heiligenstatuen an der Außenfront auf. Der Kuppelturm war allerdings in den Augen der Mailänder nur ein schwacher Ersatz für einen richtigen Glockenturm. Weite Kreise waren sich darin einig, daß zu einem Dom von der Macht und Größe der Mailänder Kathedrale auch ein entsprechend hoher Campanile gehöre. 1938 arbeitete der Architekt Vico Vigano ein entsprechendes Projekt aus. Vorgesehen war ein freistehender Turm in gotischem Stil. Mit einer Höhe von 164 m sollte er den höchsten Kirchturm der Welt, den 161 m hohen Turm des Ulmer Münsters, um drei Meter übertreffen. »In seiner Konzeption und seinen Proportionen wird sich der Turm des faschistischen Mailands würdig erweisen«, schrieb der »Corriere della Sera«. Denn es war gar nicht daran gedacht, den Turm für kirchliche Zwecke zu verwenden. Mussolini, dem Vigano das Projekt unterbreitet hatte, wollte den Campanile zu einer grandiosen Gedenkstätte des faschistischen Italien machen. Dem Duce schwebten Innenräume mit Schlachtenmosaiken, Siegesstatuen, einem »Altar des Vaterlandes« und einer Galerie berühmter Mailänder vor. Er befahl, das Projekt bis 1942 zu vollenden.

Zum Glück wurde des Krieges wegen nichts aus diesem großen Plan. Es blieb bei dem schlanken Türmchen, das die 68 m hohe Kuppel um 40 m überragt und dessen Spitze eine vergoldete Statue der Maria trägt. Die Mailänder nennen sie zärtlich »Madonnina«, kleine Madonna. Bis zur obersten Turmgalerie kann man hinaufsteigen. Vom Domplatz aus sind es 370 Stufen.

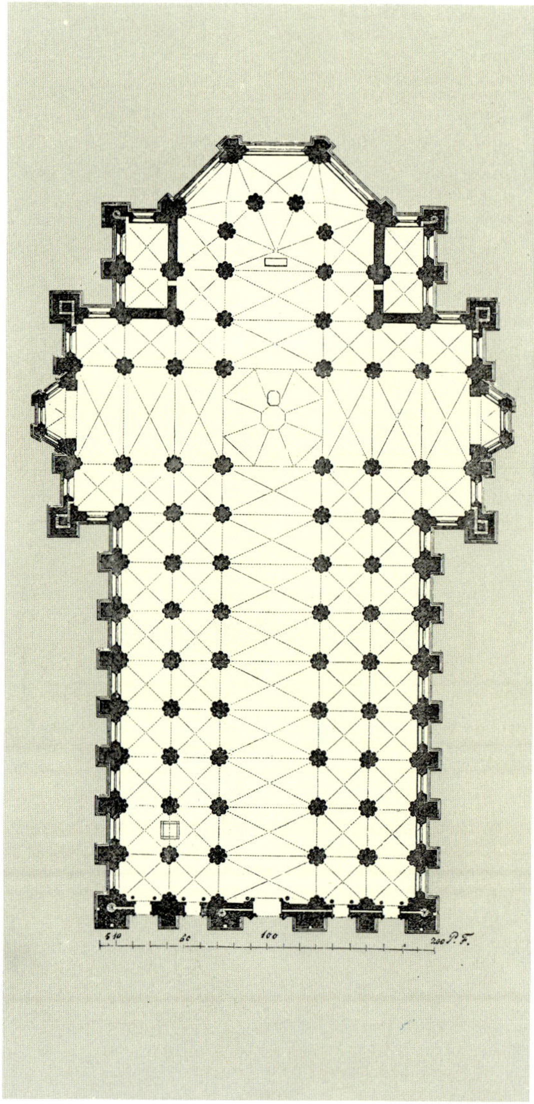

1858 war die prachtvolle Kirche in den Grundzügen fertiggestellt. Es fehlten nur noch die Türen der fünf Westportale. Mit ihnen ließ man sich Zeit. 1906 entwarf Lodovico Poghliaghi die erste Tür – im Stil der Zeit, man konnte sich darüber streiten, ob sie zu dem gotischen Bauwerk paßte. 1948 und 1950 folgten zwei weitere Domtüren. Mit der letzten wurde man erst 1965 fertig. Der Bildhauer Luciano Minguzzi aus Bologna schlug eine in 12 Felder geteilte Domtür vor. Auf jedem Feld sollte ein Ereignis aus der Geschichte des historischen Bauwerks dargestellt werden. Die erste Darstellung zeigt den Mailänder Erzbischof Antonio de Saluzza, der den Brief des Papstes Urban VI. mit der offiziellen Zustimmung zum Dombauprojekt studiert.
Nach dem Einbau der letzten Tür wurde der Dom zu Mailand feierlich für vollendet erklärt – 579 Jahre nach Baubeginn. »Keine Christenkirche, kein Götzentempel, keine Moschee kann sich an eigenartiger Pracht mit der Kathedrale von Mailand messen«, schrieb Ernst von Hesse-Wartegg und fügte mit leisem Bedauern hinzu: »Die Pracht des marmornen Gotteshauses ist so groß, daß alles andere, was das große, schöne Mailand und seine Umgebung an Wundern aufzuweisen haben, dadurch erdrückt wird.«

Linke Seite: Heiligenfiguren auf den Türmchen *(links oben)*, reicher Fassadenschmuck *(links unten)*. *Mitte oben:* Grundriß des Domes. *Mitte unten:* Kopf der Madonna von der Spitze des Kuppelturmes. *Rechts:* Entwurf für den Campanile des Domes aus dem Jahre 1938 – er wurde von Mussolini zur Ausführung bestimmt, aber niemals verwirklicht.
Unten: Durchblick durch die Verstrebungen und Türme des Domes.

Zentrum der Ewigen Stadt
ANTIKES ROM

Im 1. Jahrhundert vor Christi Geburt legte der römische Gelehrte Varro den Gründungstag der Stadt Rom fest. Am 21. April 753 v. Chr., so entschied er, sei die Stadt am Tiber von den Zwillingsbrüdern Romulus und Remus begründet worden. Spätere Forscher kamen zu dem Ergebnis, eine geordnete Ansiedlung könne es im Bereich der sieben Hügel Roms erst viel später gegeben haben. Aber vor ein paar Jahren unternahm man neue Ausgrabungen im Herzen des altrömischen Stadtbezirks, auf dem Trümmergelände des Forums. Dabei bestätigte sich, daß Rom tatsächlich schon im 8. Jahrhundert v. Chr. bewohnt und bebaut war.

Das Forum Romanum zwischen Capitol, Palatin und Esquilin, heute die ausgedehnteste Ruinenstätte Roms und eine der imposantesten der Welt, war etwa 1000 Jahre lang der Markt-, Versammlungs- und Gerichtsplatz der Römer. Im Lauf der Jahrhunderte änderte es ständig sein Aussehen. Jeder römische Herrscher, der etwas auf sich hielt, ließ sich im Bereich des Forums durch ein machtvolles Bauwerk verewigen. Basiliken und Tempel, Triumphbogen und Denkmäler entstanden zu Ehren von Cäsar, Augustus, Vespasian, Antoninus, Faustina, Tiberius, Titus, Severus und anderen. Heiligtümer errichtete man für Ianus, Saturn, Castor, Vesta, Venus, Roma und Romulus. Der einstige offene Marktplatz war schließlich so überfüllt von Prachtbauten mit Marmor- und Goldverkleidung, daß von der ursprünglich großzügigen Anlage nicht mehr viel zu erkennen war und die Kaiser auf andere Plätze auswichen.

Im 6. Jahrhundert begannen die Denkmäler und Tempel auf dem Forum Romanum zu verfallen. Zum Teil wandelte man sie in christliche Kirchen um, zum Teil benutzte man sie als Steinbruch oder brannte den kostbaren Marmor zu Baukalk. Schließlich häufte sich der Schutt bis zu 13 m hoch über dem antiken Pflaster. Als man im 19. Jahrhundert daranging, das Zentrum des antiken Rom freizulegen, diente die weite Fläche als »Campo vaccino«, auf dem die Kühe weideten.

Ein ähnliches Schicksal erlitt auch das prominenteste Bauwerk Roms aus der Kaiserzeit, das Amphitheatrum Flavium in der Nähe des Forums, seit etwa 1000 Jahren unter der Bezeichnung »Kolosseum« bekannt. Der Name wurde von einer in der Nähe des Riesenbaus stehenden Kolossalstatue Neros abgeleitet. Der Bau, mit etwa 50000 Plätzen damals wie heute das größte Theater der Welt, wurde im Jahre 80 n. Chr. fertiggestellt. Bei den Einweihungsfeierlichkeiten, die 100 Tage dauerten, töteten die Gladiatoren 5000 wilde Tiere. Massenkämpfe, Kriegsszenen, Tierhetzen, ganze Seeschlachten und schließlich öffentliche Folterungen und Hinrichtungen Zehntausender von Christen wurden im Kolosseum zum Vergnügen der Volksmassen veranstaltet. »Es gab wohl kaum eine aus der Geschichte und Literatur bekannte Folter oder furchtbare Todesart, mit deren Aufführung das Volk nicht im Amphitheater unterhalten worden wäre« (Ludwig Friedländer).

Der vierstöckige, ellipsenförmige Bau (Längsachse 188 m, Querachse 156 m), den man bei Sonne oder Regen mit Zeltplanen überdachen konnte, war 400 Jahre lang Mittelpunkt der römischen Gladiatorenspiele. Bis um das Jahr 1000 blieben die Mauern unangetastet – die Römer glaubten an die Weissagung, daß Rom untergehen müsse, wenn das Kolosseum falle. Dann wurde der Bau als Steinbruch mißbraucht. Als man diesem Treiben Einhalt gebot, war nur noch eine Ruine übrig. Sie vermittelt auch heute noch einen Eindruck von der Macht und Größe des antiken Rom.

Tempel des Antoninus und der Faustina *(oben)* und Titusbogen *(Mitte)* auf dem Forum Romanum. *Unten:* Historische Darstellung des Kolosseums. *Rechte Seite:* Außen- *(oben)* und Innenansicht *(unten)* des Kolosseums. *Vorhergehende Doppelseite:* Forum Romanum, Zentrum des antiken Rom.

Gottes größte Kirche

ST. PETER IN ROM

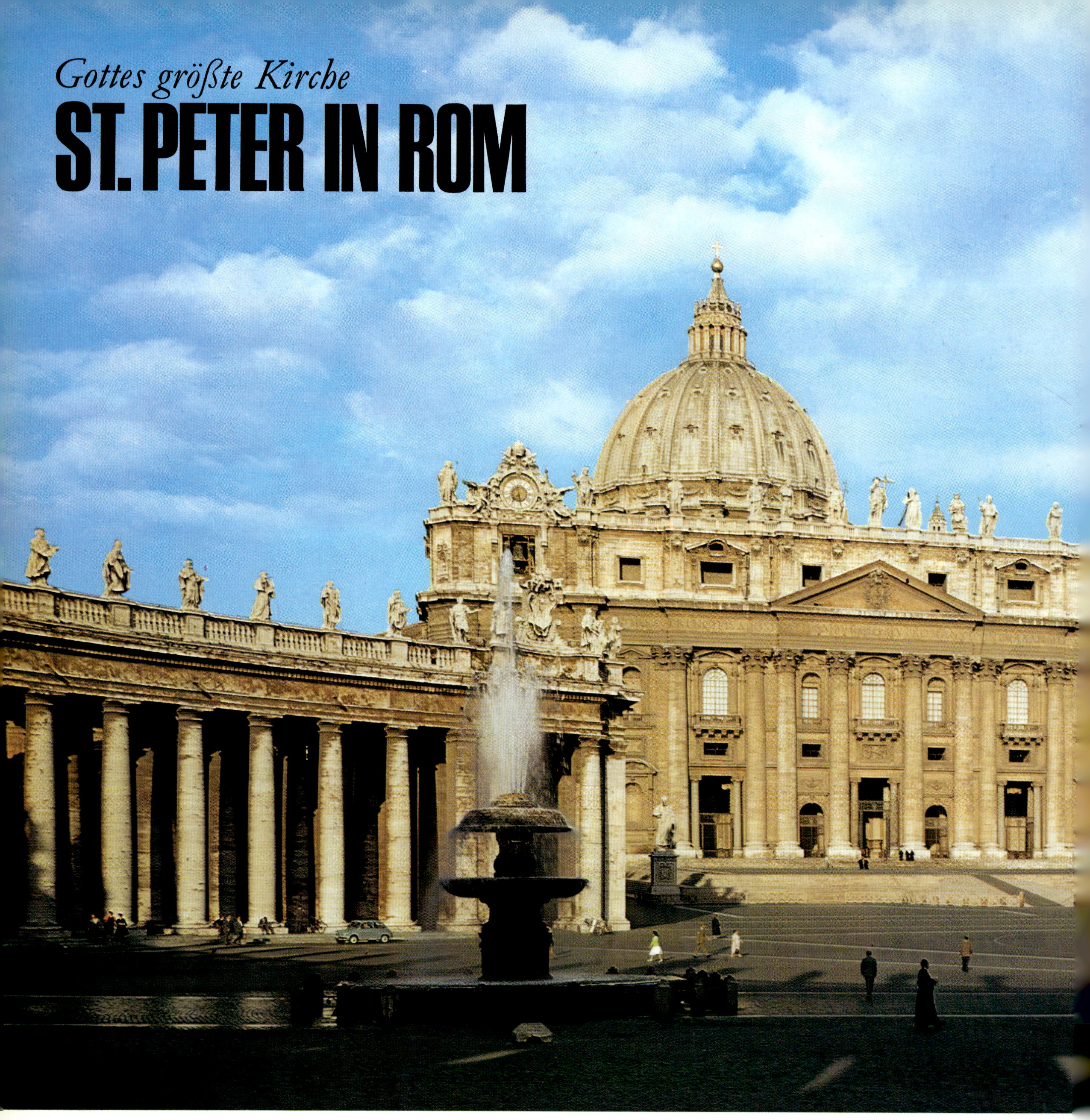

Rom habe in Wirklichkeit drei Gründer gehabt, sagt man am Tiber. Außer Romulus und Remus, den beiden sagenhaften Zwillingen, die am Beginn der märchenhaften Entwicklung des antiken Rom zur Hauptstadt der Welt standen, müsse man auch den Apostel Petrus zu den Stadtgründern zählen, denn letztlich sei ihm die Wiedergeburt der Stadt nach dem Untergang des Kaiserreiches und die Bedeutung Roms als glanzvollste Stadt der Christenheit zu verdanken. Zu Ehren des dritten Stadtgründers, über seinem Grab errichtet, entstand in Rom im 16. Jahrhundert die größte und prächtigste Kirche der Welt. Die besten Architekten, die berühmtesten Künstler Italiens arbeiteten 120 Jahre lang an der Vollendung des Petersdomes, San Pietro in Vaticano, an dessen Hauptaltar der Papst als Oberhaupt der katholischen Kirche die Messe zelebriert, in der er Dogmen verkündet und Heiligsprechungen bekanntgibt. »Ein größeres, älteres und reicheres Gotteshaus, verknüpft mit größeren Ereignissen der Weltgeschichte, hat die Christenwelt nicht aufzuweisen.«

Vor dem Bau der heutigen Peterskirche erhob sich am gleichen Platz, in der Nähe des neronischen Circus, eine fünfschiffige, ebenfalls dem heiligen Petrus geweihte Basilika, die Konstantin der Große auf Bitten von Papst Silvester I. errichtet hatte. Vor dem Hochaltar dieser Kirche wurden zahlreiche Kaiser gekrönt, so am Weihnachtstag des Jahres 800 Karl der Große, dem Papst Leo III. die römische Kaiserkrone aufsetzte. Papst

Nikolaus V. wollte das alte Gotteshaus durch einen größeren Neubau ersetzen. Nach den Plänen Bernardo Rossellinos begann man 1452 mit den Arbeiten. Sie wurden drei Jahre später, beim Tod des Papstes, wieder eingestellt. Die Mauern erhoben sich kaum meterhoch über den Erdboden.
Erst nach fünfzig Jahren belebte sich die Baustelle wieder. Papst Julius II. war auf den Gedanken gekommen, sich schon zu Lebzeiten von dem jungen Bildhauer Michelangelo, dessen gerade in Florenz vor dem Palazzo Vecchio aufgestellte David-Statue Aufsehen erregt hatte, ein riesiges Grabmal entwerfen zu lassen. Michelangelo bekam den Auftrag, sich nach einem geeigneten Standort umzusehen; er schlug vor, die Grabkapelle auf den Mauern des Kirchenbaues zu errichten. Der Papst wurde dadurch an die alten Pläne erinnert und beschloß, die Arbeiten wiederaufnehmen zu lassen. Ein Teil der neuen Peterskirche sollte für das geplante Grabmal vorgesehen werden. Unter den vielen Entwürfen für die Kirche wählte Julius II. die Pläne des Bramante aus. Am 18. April 1506 wurden die Arbeiten begonnen.
Bramante hatte eine Kirche in Form eines gleicharmigen griechischen Kreuzes vorgeschlagen. Über dem Mittelpunkt sollte eine riesige Hauptkuppel thronen, kleinere Kuppeln waren für die vier Kreuzarme vorgesehen. Aber Bramante starb schon 1514, und unter seinen Nachfolgern Raffael, Fra

Oben: St. Peter und der Petersplatz mit Obelisk und Bernini-Kolonnaden.

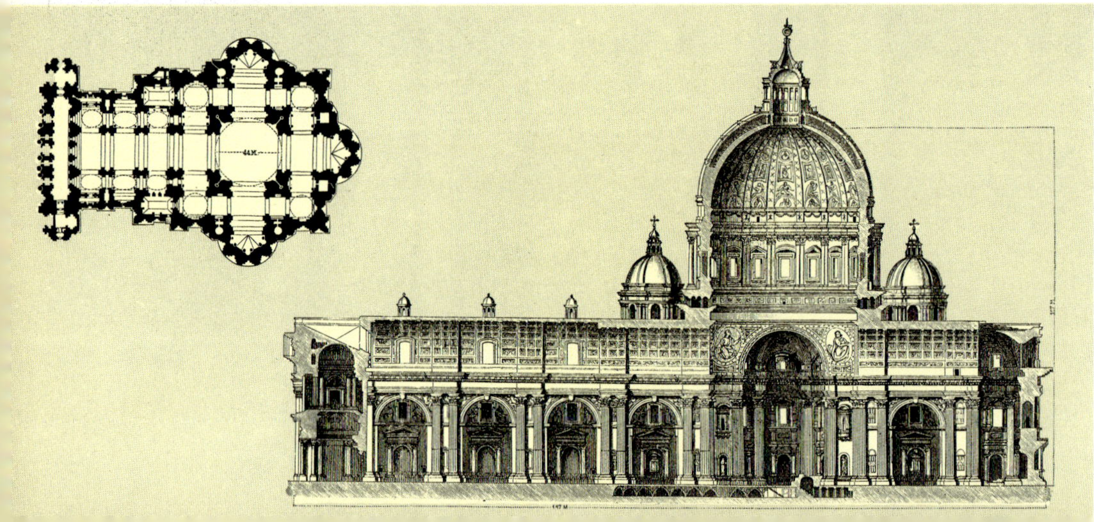

Gioconda da Verona und Giuliano da Sangallo änderte man den genialen Plan ab. Lange Zeit wogte der Streit hin und her, ob nicht ein Grundriß in der Form eines lateinischen Kreuzes vorzuziehen sei. Michelangelo, den Papst Paul III. mit der Bauleitung beauftragte, kehrte zum griechischen Kreuz zurück. Der wichtigste Beitrag des genialen Bildhauers zum Bau von St. Peter war die strahlende, bei aller Größe schwerelos wirkende Kuppel über dem Papstaltar. Sie wurde von Michelangelos Nachfolgern vollendet.

1606 ordnete Papst Paul V. die Rückkehr zur Form des lateinischen Kreuzes an. Nun baute Carlo Maderna das Langhaus der Kathedrale und die Barockfassade, hinter der sich Michelangelos Kuppel heute zumindest beim Blick aus der Nähe versteckt. Erst nach der Weihe der Kirche am 18. November 1626 wurde Bernini als Nachfolger Madernas damit beauftragt, das Bauwerk und dessen Umgebung zu vollenden. Berninis Werk war das 29 m hohe Tabernakel über dem Papstaltar, vor allem aber ist ihm das heutige Gesicht des Petersplatzes, der Piazza di San Pietro, zu verdanken. Der Baukünstler entwarf die prächtigen Kolonnaden aus 284 Säulen und 88 Pfeilern, die den in seiner Raumwirkung einmaligen Platz einrahmen. Von ihm stammen auch die Entwürfe zu den 162 Heiligenstatuen auf der Balustrade. Der 25 m hohe Obelisk in der Mitte des Platzes ist ägyptischer Herkunft. Caligula schmückte mit ihm den neronischen Circus. 1586 transportierte man ihn an seinen jetzigen Standort und richtete ihn auf.

Für den Bau der größten Kirche Gottes wurden etwa 200 Millionen Mark ausgegeben, die zu einem großen Teil aus dem Ablaßhandel stammten. Eine Inschrift im Fußboden des Mittelschiffs gibt die Länge des ganzen Bauwerks mit 194 m an. Der Kirchenraum nimmt eine Fläche von 15 160 qm ein. Die Kuppel ist bis zur Spitze des Kreuzes 133 m hoch. Sie wird getragen von vier Pfeilern mit je 71 m Umfang.

»Ein Bauwerk, das wie St. Peter seinen Ruhm vorzugsweise seiner Kolossalität und dem Glanz seiner Ausstattung verdankt, ist schwerer als irgendein anderes durch das beschreibende Wort zu charakterisieren«, schrieb Carl von Lützow in seinem vor hundert Jahren erschienenen Werk über Kirchenbaukunst, »um so schwerer, als die Grundformen, in denen es angelegt, und der Stil, in dem es durchgebildet ist, ihrer Natur nach jeder persönlichen Charakteristik bar sind und einer weltumfassenden Allgemeinheit zustreben.« Wie auch spätere Kritiker des Bauwerks beklagte Lützow, daß man Bramantes Grundriß in der Form des griechischen Kreuzes durch die Anfügung des Langhauses verfremdet habe. »Man fühlt es dieser Plananlage deutlich an, daß der ihr ursprünglich zugrunde liegende einheitliche Gedanke dem absoluten Verlangen nach Massen- und Prachtentfaltung geopfert wurde.« Jacob Burckhard dagegen meinte, die Raumwirkung der Kirche hänge entscheidend von der Beleuchtung und der Menschenzahl ab. »Am Ostermorgen weiß jeder, daß er sich im größten Binnenraum der Welt befindet.«

Der Gesamteindruck des Kirchenraumes mit seinen ausgeglichenen Proportionen, seinen Effekten der Perspektive, der Farbe und des flutenden Lichtes wirkt auf den unbefangenen Beschauer faszinierend. Wer sich den einzelnen Baugliedern, den Denkmälern und Kunstwerken zuwendet, wird diesen Eindruck noch verstärkt finden. Aber St. Peter ist nicht nur ein Gotteshaus und ein Meisterwerk der Baukunst, sondern vor allem Symbol für die Universalität der Kirche.

Oben: Papstaltar mit Berninis Tabernakel. *Unten:* Blick in die von Michelangelo entworfene Kuppel der Peterskirche mit einer Spannweite von 42 m. *Linke Seite:* Tiber mit Ponte Sant'Angelo und Blick auf St. Peter *(oben).* Grundriß und Querschnitt der Kirche *(unten links).* Blick von der Kuppel von St. Peter auf das Oval des Petersplatzes und das Häusermeer von Rom.

Ist Neapel eine schöne Stadt? Wenn man diese Frage wörtlich nimmt, muß man sie verneinen. Aus der Nähe betrachtet, zeichnet sich Neapel weder in seinen älteren Quartieren noch in seinen moderneren Teilen durch auffallende Schönheit aus – im Gegenteil. Wenn man durch eine der engen, ärmlichen Gassen streift, kann man sich den tieferen Sinn des wehmütigen »Neapel sehen und sterben« nicht erklären. Und selbst Karl Baedeker, der die auf eine griechische Siedlung zurückgehende »Neustadt« – das ist die Bedeutung des Ortsnamens – eifrig auf der Suche nach Sehenswertem durchforschte, stellte resignierend fest, die Stadt habe wenig Anziehendes. Kein einziges Bauwerk befand er für würdig, mit zwei Sternen ausgezeichnet zu werden, und lediglich bei der Beschreibung der Kunstschätze des berühmten Museo Nazionale geizte der erfahrene Cicerone nicht mit hohem Lob. Aber wie kommt es dann, daß Neapel wie kaum eine andere Stadt von Dichtern und Malern in begeisterten Worten und glutvollen Farben gepriesen wurde? »Lage und Umgebung gehören zu den schönsten der Erde«, vermerkte Baedeker knapp. Erst durch seine Lage am weitgeschwungenen Golf, vor der Kulisse des Vesuvs, wird Neapel zur Schönheit, zur »heitersten Stadt der Welt« (Melville). Und Goethe schrieb 1787: »Daß kein Neapolitaner von seiner Stadt weichen will, daß ihre Dichter von der Glückseligkeit der hiesigen Lage in gewaltigen Hyperbeln singen, ist ihnen nicht zu verdenken, und wenn auch noch ein paar Vesuve in der Nachbarschaft stünden.«
Der Vesuv, Schicksalsberg über Neapel, latente Bedrohung

Schicksalsberg über Neapel

VESUV

der ganzen Bucht – Goethe erlebte ihn wild und wütend: »Wir standen an einem Fenster des oberen Geschosses, der Vesuv gerade vor uns, die herabfließende Lava, deren Flamme bei längst niedergegangener Sonne schon deutlich glühte und ihren begleitenden Rauch schon zu vergolden anfing, der Berg gewaltsam tobend, über ihm eine ungeheure feststehende Dampfwolke, ihre verschiedenen Massen bei jedem Auswurf blitzartig gesondert und körperhaft erleuchtet. Von da ab bis an das Meer ein Streifen von Gluten und glühenden Dünsten.« Seinen letzten stärkeren Ausbruch produzierte der feuerspeiende Berg im Jahre 1944. Seitdem verhält er sich ruhig. Nicht einmal die traditionelle Dampfwolke steht über dem 1267 m hohen Vulkankegel und seiner Nebenkuppe, dem 1120 m hohen Monte Somma. Aber die Bewohner der Bucht, über deren Sicherheit ein Vesuv-Observatorium wacht, wissen, daß diese Ruhe trügerisch sein kann. Schon einmal hatte man sich darauf verlassen, daß der Vulkan längst erloschen sei – in den Jahren nach Christi Geburt. Strabo vermerkte damals, es sei zwar rußfarbiges Gestein zu sehen, also müsse es einst Feuerschlünde gegeben haben, der Vulkan sei aber längst nicht mehr in Tätigkeit, weil er sein Brennmaterial erschöpft habe. Erdbeben gab es freilich trotzdem. Aber man brachte sie wohl nicht mit dem Vesuv in Verbindung. Am 24. August des Jahres 79 n. Chr. ereignete sich dann die Katastrophe. Unter strömendem Regen brach der Vesuv am frühen Morgen aus. Riesige Aschenmengen verbanden sich mit dem Regenwasser

Vesuv (rechts) und Monte Somma beherrschen das Bild der Bucht. Seit 1944 schweigt der Krater über der »heitersten Stadt der Welt«.

zu einem Schlammstrom, der den Badeort Herculaneum verschlang. Die Häuser verschwanden unter einer bis zu 20 m hohen Schicht. Die Kleinstadt Pompeji – ihre Einwohnerzahl lag zwischen 20000 und 30000 – wurde ebenso wie das benachbarte Stabiae von Bimsstein- und Aschenmassen zugedeckt. Rettungsarbeiten waren sinnlos. Wer in den drei Orten geblieben war, kam um. Die Zahl der Toten hat man auf 2000 geschätzt. Eine Zeitlang versuchte man noch, aus dem zum Teil nur bis an die Dachkanten verschütteten Pompeji Baumaterial, Haushaltsgegenstände und Wertsachen zu retten. Dann gerieten Pompeji, Herculaneum und Stabiae allmählich in Vergessenheit. Erst 1700 Jahre nach der Katastrophe wurden die versunkenen Städte wieder interessant – zuerst für Amateurgräber, die hier und da Schächte in den Boden treiben ließen und nach Antiquitäten suchten, später für Wissenschaftler. Zunächst nahm man nur einzelne Punkte in Angriff. Mit System wurde erst ab 1860 gegraben, als Giuseppe Fiorelli mit der Leitung der Arbeiten betraut wurde.

Seit dieser Zeit haben die Ausgrabungen angedauert. Man fand unzählige Zeugen

menschlicher Tragödien aus der Zeit der Katastrophe, fand die Reste auf der Flucht erstickter Menschen, fand vom Tod überraschte Kinder und angekettete Sklaven, Teilnehmer an einem Leichenschmaus und Eingeschlossene, die mit letzter Kraft versucht hatten, ins Freie zu gelangen. Zug um Zug legte man die Stadt frei. Häuser und Tempel, Schenken und Bibliotheken, Paläste und Theater kamen zwar nicht unversehrt ans Tageslicht, legten aber bis in die letzte Einzelheit darüber Rechenschaft ab, wie die Bewohner einer Kleinstadt aus der Zeit um Christi Geburt gelebt, gewohnt, gegessen, getrunken, gearbeitet, gehandelt und geliebt hatten. »Es ist viel Unheil in der Welt geschehen, aber wenig, das den Nachkommen so viel Freude gemacht hätte«, notierte Goethe nach seinem zweiten Besuch in Pompeji.

Linke Randspalte v. o.: Straße mit Trittsteinen in Pompeji; Inneres eines typischen Hauses; Wandmosaik aus Herculaneum; Luftbild von Pompeji. *Oben:* Apollotempel und -statue in Pompeji. *Linke Seite:* Blick in den Vesuvkrater *(oben)*; Foto vom letzten schweren Ausbruch des Vesuvs (1872).

Hochsitz europäischer Kultur

AKROPOLIS

Wer vom Griechenland der Antike spricht, meint in erster Linie Athen, und wer Athen meint, denkt an die Akropolis mit ihren berühmten Tempelbauten, an die Verkörperung klassischen Ebenmaßes und hoheitsvoller Schönheit, den »sinnfälligen Hochsitz europäischer Kultur«, das »Symbol wahrer Humanitas«, den Mittelpunkt der klassischen Welt.

Der Sage nach stritten sich Athene und Poseidon einst um die Herrschaft über Athen. Poseidon dokumentierte seine Macht, indem er den Fels der Akropolis mit seinem Dreizack berührte, woraufhin an dieser Stelle eine Salzquelle entsprang. Athene dagegen pflanzte einen Ölbaum in das nackte Gestein, der sofort prachtvoll zu sprießen begann. Poseidon gab sich geschlagen. Der heilige Ölbaum der Athene aber überstand alle Anschläge auf die Akropolis. Als ihn die Perser nach ihrer Einnahme von Athen verbrannten, zeigte er schon am nächsten Tag einen frischen, ellenlangen Sproß – ein Wunder, das die Athener zu neuen Kriegstaten angespornt haben soll.

Funde haben nachgewiesen, daß der 156 m über dem Meer, 80 m über Athen aufsteigende gelblich-blaue Kalkfelsen der Akropolis – die Bezeichnung bedeutet »Oberstadt« und wurde auf viele Stadtfestungen des antiken Griechenland angewandt – schon im Neolithikum, vor etwa 4000 Jahren, bewohnt gewesen sein muß. Der erste befestigte Palast entstand in der mykenischen Epoche. Mauerreste aus dieser Zeit, um 1200 v. Chr., sind erhalten geblieben. Die Griechen des 6. Jahr-

hunderts v. Chr. errichteten unter anderem einen Athenatempel, ein monumentales Eingangstor und ein Nike-Heiligtum. Diesen Bauten war kein langes Dasein beschieden. Die Perser machten sie 480–479 dem Erdboden gleich. Themistokles und Kimon ließen nur die Umfassungsmauern wieder aufrichten und den Baugrund planieren. Als Material verwendeten sie die Trümmer der alten Tempel. Spätere Ausgrabungen im »Perserschutt« ergaben wertvolle Anhaltspunkte für das Aussehen der ersten griechischen Akropolis-Anlage. Unter anderem fand man heraus, daß die Skulpturen an den alten Tempeln in grellen Farben bemalt gewesen waren.
Perikles, seit 461 v. Chr. Feldherr und mit diktatorischer Gewalt begabter Beherrscher von Athen, ließ auf dem Burgberg der Akropolis jene Bauten der klassischen Epoche Griechenlands errichten, deren imposante Reste wir noch heute bewundern können. 448 gründete er eine Baukommission, der prominente Architekten, Bildhauer – darunter Phidias – und Maler angehörten. Die Bundeskasse der hellenischen Staaten wurde – gegen den anfänglichen Widerstand der Bundesgenossen von Athen – zur Finanzierung des Projektes herangezogen, das insgesamt etwa 100 Millionen Mark beansprucht haben dürfte.
Der Parthenon, Athenas Haupttempel, entstand zuerst. Iktinos entwarf die Pläne, Kallikrates übernahm die Bauleitung,

Tempelbezirk der Akropolis über Athen; im Mittelpunkt der Parthenon.

der plastische Schmuck entstand in der Werkstatt des Phidias nach Entwürfen des Meisters. Auf einem mächtigen dreistufigen Unterbau, dessen Grundfläche an der Oberkante 70 × 30 m maß, erhoben sich 46 über 10 m hohe Säulen des dorischen Typs. Figurenfriese und Skulpturen in den Giebelfeldern gehörten zu den größten bildhauerischen Leistungen der Welt. Über den tiefroten Wänden des Innenraums bildete eine bemalte hölzerne Kassettendecke den Abschluß. Mittelpunkt des Tempels war die von Phidias geschaffene, 13 m hohe Statue der Athena Parthenos, ein Standbild aus Gold und Elfenbein. Die 7,5 mm starken Goldplatten konnte man zur Kontrolle des Gewichts abnehmen, was man im Jahre 433 auch wirklich tat, als Phidias beschuldigt wurde, sich am Gold der Statue vergriffen zu haben.

Zerstörungen des Jahres 1687 nur zum kleinen Teil wieder ausgleichen.

Als zweiter Bau der Perikles-Zeit wurde der Tempel der Athena Nike in Auftrag gegeben. Architekt des kleinen ionischen Bauwerks war wiederum Kallikrates. Er schuf auf einer Grundfläche von 5 × 8 m einen zierlichen Tempel mit 4 m hohen Säulen und einem 45 cm hohen Figurenfries. In der Türkenzeit wurde der Nike-Tempel abgerissen. Man baute aus den Steinblöcken eine Bastion. Der deutsche Archäologe Ross trug sie 1835–36 ab und stellte den Tempel wieder auf.

Die Arbeiten am Nike-Tempel zogen sich über 16 Jahre hin, weil man sich zwischendurch dazu entschied, zunächst den ausgedehnten Torhallenbau, die Propyläen, zu errichten. Mnesikles wurde mit dieser Aufgabe betraut. Er entwarf eine mäch-

Im 5. Jahrhundert wurde der Parthenon in eine christliche Kirche umgewandelt. Die Türken machten 1456 eine Moschee daraus und stellten ein schlankes Minarett daneben. Als sie von den Venezianern unter Graf Königsmarck belagert wurden, schafften sie ihre Pulvervorräte und alle vornehmen Personen in die Parthenon-Moschee, weil sie hofften, die Belagerer würden es nicht wagen, den Tempel anzugreifen. Dazu kam es aber dann doch. »Ein lüneburgischer Lieutenant erboste sich, in den Tempel Bomben einzuwerfen«, heißt es in einer alten Chronik. Die Explosion des Pulvers zerstörte den Parthenon zum größten Teil. Alle Restaurationsarbeiten späterer Jahre – die wichtigste Rettungsaktion veranlaßte Leo von Klenze im Jahre 1834 im Auftrag Ludwigs I. von Bayern – konnten die

tige Torhalle mit zwölf dorischen Säulen an der Außenfront. Zu beiden Seiten des Eingangs sollten sich rechteckige Säulenhallen erheben, die aber niemals fertig wurden. Im linken Flügel der Propyläen, der Pinakothek, richtete man die erste Gemäldegalerie der Welt ein.

Als vierten Großbau des Tempelbezirks plante man das Erechtheion, einen dem Kult des Poseidon Erechtheus und der Athena Polias geweihten Bau. Mnesikles übernahm auch hier die Bauleitung. Aber die Arbeiten waren kaum begonnen worden, als 431 v. Chr. ein fast dreißig Jahre dauernder Krieg zwischen Athen und Sparta, der Peloponnesische Krieg, ausbrach. Man stellte den Bau ein. 429 starb Perikles an der Pest. Erst 404 kam es zu einem für Athen demütigenden Frieden.

Die wirtschaftliche Kraft der Metropole war erschöpft. Trotzdem benutzte man eine Atempause nach dem Sieg der athenischen über die spartanische Flotte dazu, um das Erechtheion innerhalb von zwei Jahren fertigzustellen. Philokles vollendete das Werk des Mnesikles, einen Bau mit unregelmäßigem Grundriß, geschmückt mit ionischen Säulen. Die eigentümliche Form des Tempels war auf die Notwendigkeit zurückzuführen, mehreren Heiligtümern eine Heimstätte zu geben – so dem Salzquell des Poseidon,

dem Ölbaum der Athene und der Grabstätte des Königs Kekrops. Auch dieser Tempel stammt von Perikles, dem seine Gegner vorwarfen, er schmücke die Stadt wie eine Kokotte. Für uns ist die perikleische Zeit ein glanzvoller Höhepunkt in der Geschichte der Menschheit.

Rekonstruktion der Akropolis von Thiersch *(rechts)*. Die mittlere Bildreihe zeigt die wichtigsten drei Tempel *(v. l.)*: Erechtheion, Niketempel und Parthenon. *Oben rechts:* Säulenkapitell, Skulptur (Agoramuseum).

Autostraße durch die Alpen

MONTBLANC-TUNNEL

VOITURES

SOCIETA' ITALIANA PER CONDOTTE D'ACQUA

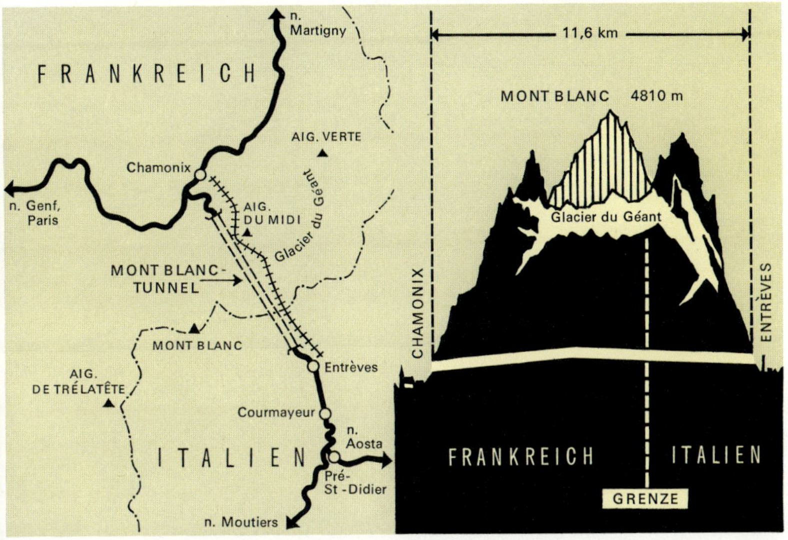

Für ein Fünftel der 580 Millionen Einwohner Europas war der 16. Juli 1965 ein Festtag. 100 Millionen Franzosen, Italiener und Schweizer versetzte die Eröffnung des Montblanc-Tunnels in einen Taumel der Begeisterung. Fähnchengeschmückte Autokolonnen brausten zum erstenmal auf den zwei je 3,50 m breiten Asphaltspuren unter dem höchsten Berg Europas (4807 m) hindurch.

Der 11,7 km lange Montblanc-Tunnel verbindet Frankreich mit Italien, genauer gesagt Chamonix in Savoyen mit Courmayeur im Aostatal. Rom und Paris, die Hauptstädte der beiden Länder, die ihn bohrten, kamen sich 20 Fahrstunden näher. Der neue Alpentunnel ist einer der jüngsten Großangriffe auf das mächtigste Verkehrshindernis Europas, die 600 km lange, zwischen 1500 m und 4800 m hohe Alpenkette. Tunnel durch das Alpenmassiv sind zu allen Zeiten heiße Eisen der hohen Politik gewesen. Manche Regierung verbrannte sich die Finger daran. Ländern, die sie durch den Fels sprengten, brachten sie ungeheure wirtschaftliche Vorteile. Jeder neue Alpentunnel bedrohte aber zugleich auch das europäische Handelsgleichgewicht. Daher kam es zwischen den beteiligten Ländern zu wahren »Tunnelkriegen«.

Den Anfang machte Frankreich mit dem 1871 fertiggestellten Mont-Cenis-Tunnel. Ein Jahrzehnt lang sicherte dieser ihm die Vorherrschaft über den Handel zwischen England und Westeuropa einerseits, dem Mittelmeer und dem Orient andererseits. Ab 1878 machte ihm der Schweizer St.-Gotthard-Tunnel Konkurrenz. Er brachte vor allem dem kaiserlichen Deutschland Vorteile. Später bauten Schweizer und Italiener zusammen den längsten Tunnel der Welt, den 19825 m langen Simplon-Eisenbahntunnel – zum Ärger der Deutschen. Doch heute sind Straßentunnel interessanter als Eisenbahntunnel.

Schon lange beschäftigte das Montblanc-Tunnel-Projekt französische und italienische Ingenieure. Im März 1953 wurde man sich in Paris endlich über Technik und Kostenaufteilung einig. Die Stadt Genf übernahm, weil auch sie am Tunnelbau stark interessiert war, einen Teil der veranschlagten 280 Millionen Mark. Beide Bohrtrupps, der französische und der italienische, sollten sich nach 5600 m im Berginneren begegnen. Für die Italiener war der Montblanc ein besonders zäher Brocken. Sie mußten sich erst durch harte Schieferformationen durcharbeiten. Fahrbare Arbeitsbühnen, auf denen bis zu 20 automatische Hochleistungsbohrer montiert waren, fraßen sich langsam immer tiefer in den Berg – 6½ Jahre lang. Spezialmaschinen räumten insgesamt 1 Million cbm Schutt aus dem Tunnel. Es gab, wie bei jedem großen Tunnelbau, zahlreiche Zwischenfälle. Wassereinbrüche und Steinschläge ließen die menschlichen Maulwürfe fast verzweifeln. Das italienische Arbeitslager wurde durch Lawinen vernichtet.

Doch der ungeheure Aufwand, die immensen Kosten haben sich gelohnt. Der Montblanc-Tunnel ist für seine Erbauer kein schlechtes Geschäft. Von den 14 Alpenpässen sind nur fünf ganzjährig zu befahren. Wer schnell und bequem von Norden nach Süden kommen will, für den ist die Fahrt durch den Montblanc eine großartige Sache. Allerdings – Komfort und Schnelligkeit wollen bezahlt werden. Es müßte nicht mit rechten Dingen zugehen, wenn die hohen Wegegelder für Personen- und Lastkraftwagen, die durch den Montblanc wollen (zwischen 25 und 120 Mark), nicht schon längst wieder einen großen Teil der 280 Millionen eingebracht hätten.

Von oben nach unten: Rohrleitungen sorgen für Luftzufuhr; Schema der Tunnelführung; Schweißarbeiten; Einweihungsfahrt vom 16. Juli 1965. *Linke Seite:* Tunnelmündung während der Bauarbeiten *(oben)*; auf Arbeitsbühnen montierte Bohrer fressen sich durch das Gestein *(unten)*. *Vorhergehende Doppelseite:* Einfahrt zum Montblanc-Tunnel auf französischer Seite; darüber die »Aiguille du Midi« des Montblanc-Massivs.

Die »Dame von Paris«, wie man in Frankreich die schlanke Turmkonstruktion des Ingenieurs Eiffel zu nennen pflegt, wurde 1889 anläßlich der Pariser Weltausstellung eingeweiht, ist also mittlerweile schon eine alte Dame geworden. Trotzdem hat der Eiffelturm nichts von seinem eigenartigen Charme, von seiner technischen Bedeutung, von seiner Symbolkraft eingebüßt. Im Gegenteil – niemals seit der Fertigstellung des Turms ließen sich die Besucher in solchen Massen – rund zwei Millionen pro Jahr – mit den quietschenden und scheppernden Aufzügen auf die geräumigen Plattformen des Stahlgerüsts fahren wie in unseren Jahren. Paris ohne Eiffelturm wäre unvorstellbar.

Den ersten konkreten Vorschlag, einen »Turm von tausend Fuß« (304,80 m) zu errichten, machte 1833 der Engländer Trevithick. Aber diese Planung wurde ebensowenig verwirklicht wie die Idee, den Tausend-Fuß-Turm anläßlich der Weltausstellung 1874 in Philadelphia entstehen zu lassen.

1884 wurde in Eiffels Ingenieurbüro das erste Vorprojekt für einen 300 m hohen Eisenturm ausgearbeitet. Es gab eine ganze Anzahl anderer Projekte. Die Bevölkerung begeisterte sich beispielsweise für den Gedanken eines »Sonnenturms« von 300 m Höhe mit einem gewaltigen Leuchtfeuer an der Spitze, das die Nacht von Paris in hellen Tag verwandeln sollte. Eines der Stockwerke dieses Turms gedachte man als Hospital für Höhenluftkuren einzurichten.

Aber der für die Ausstellung zuständige Handelsminister zog

Triumph der Industriekultur

EIFFELTURM

Eiffels Plan vor. Man beschloß, den Turm auf einer Grundfläche von 125 m Seitenlänge zu errichten. 107 mögliche Standorte wurden eingehend geprüft. Die Ausstellungskommission wollte den Turm brückenähnlich über die Seine bauen lassen. Aber dieser Vorschlag scheiterte an den schlechten Bodenverhältnissen an den Seineufern. Schließlich entschied man sich für das Marsfeld, das ohnedies als Ausstellungsgelände vorgesehen war.

Daß der 54jährige Ingenieur und Konstrukteur Alexandre Gustave Eiffel den Auftrag bekam, das Ausstellungssymbol zu bauen, war kein Zufall. Er galt lange vor dem Bau »seines« Turms als der Welt berühmtester Spezialist für Eisenkonstruktionen, wurde als »Ingenieur des Universums« gefeiert und machte sich einen Namen als Begründer der Aerodynamik. Dutzende von großen Stahlbauwerken in der ganzen Welt stammten aus Eiffels Firma. Ungeachtet dessen galt Eiffel später in erster Linie als Schöpfer des nach ihm benannten Bauwerks. »Dieser Turm bringt mich noch um«, stöhnte er. »Als ob ich nichts anderes geleistet hätte!«

Alexandre Gustave Eiffel wurde 1832 in Dijon geboren. Seine französischen Biographen fanden heraus, daß der Eiffelturmerbauer von einem Deutschen namens Hans Heinrich Bönickhausen abstammte, der zur Zeit Ludwigs XIV. als junger Mann seine Heimatgemeinde Marmagen in der Eifel verließ und nach Frankreich auswanderte. Dieser Emigrant ergänzte seinen Namen im Gedenken an die rheinländische Heimat zu »Eifel-

Bönickhausen«. Bis 1880 behielt die Familie diesen Doppelnamen. Erst Alexandre Gustave Eiffel ließ den Ursprungsnamen streichen und nannte sich nur noch »Eiffel«.
1886 wurde mit den Vorarbeiten für den Turm begonnen. Für die vier Pfeiler mußten steinerne Fundamente von 26 qm Ausdehnung errichtet werden, die auf der Seine-Seite des Marsfeldes 14 m, auf der anderen Seite 9 m tief in den Boden hinabreichten. Am 30. Juni 1887, runde zwei Jahre vor Eröffnung der Weltausstellung, konnten die Fundamentierungsarbeiten abgeschlossen werden.
Die Öffentlichkeit reagierte unterschiedlich auf den Turmbau. Während man das Projekt offiziell als »Triumph der Industriekultur«, als »Meisterwerk der neuen Eisenarchitektur« und als »Symbol des wiedererwachten Frankreich« (nach der Niederlage von 1871) mit Vorschußlorbeeren bedachte, fanden sich namhafte Schriftsteller, Maler, Bildhauer und Architekten noch vor dem ersten Spatenstich zu einer Protestaktion zusammen. »Im Namen des guten Geschmacks« und als »leidenschaftliche Liebhaber der bisher unangetasteten Schönheit von Paris« wandten sie sich entrüstet gegen die Errichtung des »unnützen und monströsen« Eiffelturms. Guy de Maupassant, einer der Unterzeichner, machte sich in einem aufsehenerregenden Interview über die »scheußliche und dürftige Pyramide« lustig.

Eiffel hatte im Verein mit der Ausstellungsleitung alle Mühe, den Turm zu verteidigen, den die Gegner einen »Bau von schwindelerregender Lächerlichkeit« nannten, der »Paris wie ein schwarzer gigantischer Schornstein beherrsche«. Aber die Proteste halfen nichts. Hinter der mit 5100000 Francs Kapital gegründeten »Société de la Tour Eiffel« stand der französische Staat. Die Arbeiten gingen planmäßig weiter, und als sich die vier mächtigen Stützpfeiler ein Jahr nach Beginn der Eisenbauarbeiten zur ersten Plattform vereinigten, ließ Gustave Eiffel ein Feuerwerk abbrennen. Von diesem ersten Stockwerk in 58 Meter Höhe stieg der Turm auf zur zweiten (116 m) und dritten (273 m) Plattform.
An den Werkzeichnungen für die 15000 Einzelteile waren 40 Zeichner zwei Jahre lang beschäftigt. Eine Fabrik in Clichy stellte die Fertigteile paßgenau her – an Ort und Stelle brauchten sie nur noch verschraubt oder vernietet zu werden. 9700 Tonnen wog die fertige Konstruktion – eine gewaltige Eisenmasse, und doch ein filigranleichtes Bauwerk. Schon die in einem 300 m hohen Zylinder, dessen Grundfläche dem Pfeilerviereck einbeschrieben würde, lastende Luft wäre bedeutend schwerer als der ganze Turm.
Damit der Turm termingerecht fertig wurde, mußte täglich zehn Stunden gearbeitet werden, auch während des strengen Winters 1888–1889. Am 31. März konnte Gustave Eiffel auf der Turmspitze die Trikolore hissen. Zum Ausstellungsbeginn am 6. Mai 1889 war alles bereit. Ein Millionengeschäft wurde nicht nur der Besichtigungsbetrieb – schon im Eröffnungsjahr holte die Eiffelturm-Gesellschaft mehr als ihr Gründungskapital wieder herein –, sondern auch der Verkauf von kleinen Eiffelturm-Nachbildungen.
Der Eiffelturm gehört zu Paris. Immer noch gibt es gelegentliche Proteste, er verschandele das Stadtbild. Berühmt ist die Anekdote von dem Mann, der den Eiffelturm nicht leiden kann und ihn nur deshalb täglich besteigt, weil der Turm die einzige Stelle in Paris ist, von der aus man den Turm nicht ständig vor Augen hat. Literatur und Kunst machten die »Dame von Paris« zu ihrem Objekt. Von »schwindelerregender Lächerlichkeit« ist nicht mehr die Rede, eher von einer Art rührender Anhänglichkeit an einen Zeugen des beginnenden Eisenzeitalters, der zum Stadtbild von Paris gehört, auch wenn er im Jahrhundert der Atomphysik und der Weltraumfahrt längst keine technische Sensation mehr darstellt.

Feuerwerk und Turmillumination anläßlich der Einweihung des Eiffelturms im Jahre 1889 *(oben links)* und der Weltausstellung von Paris. *Oben rechts:* Das Gitterwerk der Turmkonstruktion – erstes Beispiel der Vorfabrikation eines Stahlskelettbaues, Vorbild für viele Wolkenkratzer. *Rechte Seite:* Der Eiffelturm, wie ihn jeder Parisbesucher kennt *(rechts)*. *Randspalte v. o.:* Arbeit an der Fertigstellung des Turmes; erste Flaggenhissung auf der Turmspitze durch Gustave Eiffel; Eiffel-Denkmal am Turm.

Mittelpunkt von Paris

ARC DE TRIOMPHE

Napoleon I. war einer der tyrannischsten Bauherrn der Weltgeschichte. Seinen Architekten Chalgrin, der ihm im Zentrum von Paris »den größten Triumphbogen aller Länder und Zeiten« errichten sollte, wies er barsch an: »Es soll *mir* zur Ehre, nicht zur Ehre der Architekten gebaut werden!« Mit diesem Arc de Triomphe wollte der Korse sich selbst, seinen Siegen und Schlachten ein Kolossaldenkmal setzen. Zwar existierte ein solches Monument schon einmal: der »Kleine Triumphbogen« auf der Place de Carrousel vor dem Louvre. Doch Napoleon fand, sein Ruhm sei über diesen längst hinausgewachsen.
Der Zeitgeschmack und des Kaisers Vorliebe für die römische Antike inspirierten Chalgrins Vorschlag. Er entwarf die fast peinlich genaue Kopie römischer Vorbilder, nur viel, viel gewaltiger. Ausgerechnet im tragischen Jahr 1811, als die Grande Armée nach Rußland aufbrach, begann man mit den Bauarbeiten. Dem Korsen war es nicht vergönnt, »seinen« Triumphbogen fertig zu sehen. Sein Stern sank, seine ehrgeizigen Pläne für eine großartige Schloßanlage hinter dem Arc de Triomphe, prächtiger als Versailles, imposanter als der Louvre, verstaubten in den Staatsarchiven.
Erst Bürgerkönig Louis Philippe baute 25 Jahre später weiter am größten Triumphbogen der Welt. Seine Steinmetzen gaben den kolossalen Reliefs auf Pfeilern, Schmalseiten und Gesims den letzten Schliff. Sie verherrlichen die Krönung Napoleons, Schlachten aus der Zeit der Republik

und des Kaiserreichs und immer wieder den glorreichen Auszug und die glückliche Heimkehr des Heeres. Die Namen von 172 in den Steinflächen des Triumphbogens verewigten Schlachten und 386 Generälen unterstreichen den nicht gerade friedlichen Charakter des Arc de Triomphe.

Heute gilt der 49 m hohe, 45 m breite und 22 m tiefe, silbergraue Koloß als Meisterwerk klassizistischer Baukunst. Kühl und majestätisch ragt er in den Himmel von Paris. Er ist Mittelpunkt der im Schnittpunkt von zwölf großen Avenuen sternförmig angelegten Place de l'Étoile. Tag und Nacht ergießt sich ein Strom funkelnder Autos vom Étoile in die kerzengerade Prachtstraße der Champs-Elysées.

Häufig dirigieren Flics den nie abreißenden Fahrzeugstrom ein wenig zur Seite. Dann legt ein ausländischer Staatsbesucher am Grab des »Unbekannten Soldaten« unter der Bogenwölbung des Arc de Triomphe einen Kranz nieder. Seit dem 11. November 1920 ruht hier ein namenloser französischer Gefallener aus der Hölle um Verdun. Eine ewige Flamme lodert bläulich vor dem Grab. Die französische Idee wurde von vielen Ländern übernommen. Und erst die Ehrfurcht vor den Toten, nicht die Siegestrunkenheit eines Kaisers, machte den Arc de Triomphe zum Nationaldenkmal Frankreichs.

Die Avenue des Champs-Elysées führt schnurgerade auf den Arc de Triomphe zu *(links)*. Zu den eindrucksvollsten Bildwerken an der Außenfront des Arc de Triomphe gehört die »Marseillaise« *(rechts)* von Rude.

A TOUTES LES GLOIRES DE LA FRANCE.

Prächtigstes Schloß der Welt

VERSAILLES

Die Gegend war sumpfig und ungesund. Weit und breit gab es kein fließendes Wasser, das Fieber ging um und der spärliche Pflanzenwuchs reichte gerade aus, um die Tiere zu beherbergen, auf die Ludwig XIII. und sein Hof Jagd machten. Der einzige Bau von Bedeutung war ein bescheidener Jagdpavillon des Königs.
In dieser unwirtlichen Gegend ließ Ludwig XIV. Versailles erbauen, das prächtigste Schloß der Welt, Symbol des absolutistischen Zeitalters, »unermeßlich und harmonisch zugleich«. Den »Sonnenkönig« fochten die technischen Schwierigkeiten nicht an. In Frankreich war sein Wille maßgebend, und es war nach seiner Meinung nur eine Frage der richtigen Leute und der hinreichenden Finanzierung, auf dem wasserlosen Plateau ein grandioses Werk entstehen zu lassen.
36000 Menschen, in allen Gebieten Frankreichs angeworben, waren zum Ruhme des Sonnenkönigs tätig, 6000 Pferde zogen die Fuhrwerke mit Steinen, Balken und Marmorblöcken, auf rund eine halbe Milliarde Mark beliefen sich die Baukosten. Nach und nach entstand ein Palast, wie ihn kein anderer Fürst besaß, eine Anlage mit einer 580 m langen Hauptfassade, von 375 Fenstern durchbrochen, mit riesigen Höfen, zahlreichen Nebengebäuden und Anbautrakten und mit einer schnurgeraden Allee nach Paris.
Der Architekt Jules Hardouin-Mansart vollendete als Nachfolger von Le Vau den Bau des Schlosses. Maler und Bildhauer, Marmorschleifer und Goldschmiede, Ziseleure und Stukkateure schufen eine Ausstattung, deren Qualität ohne Beispiel war. Weiß und Gold wurden die vorherrschenden

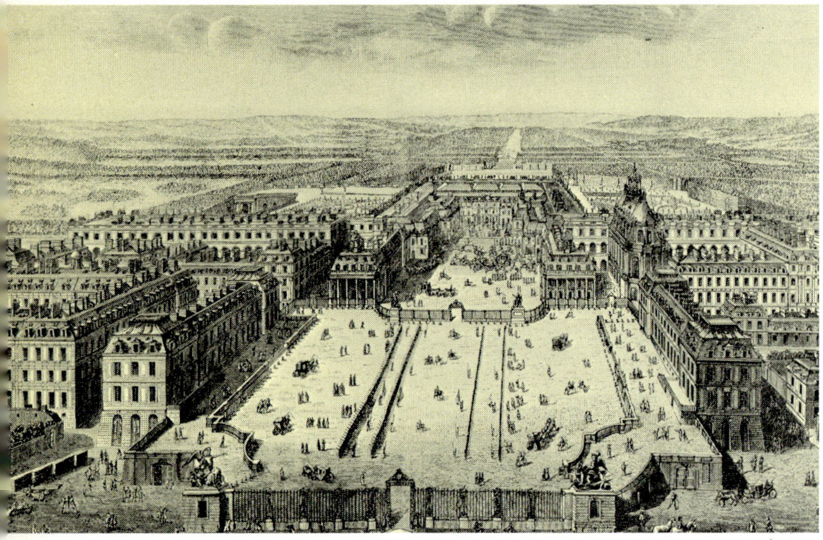

Der Architekt Le Vau begann 1661 mit den Arbeiten der ersten Bauperiode, unterstützt von dem Maler Le Brun, der für die Ausstattung verantwortlich war, und dem Gartenkünstler Le Nôtre, der sich um die Gestaltung der Gartenanlagen und Wasserkünste im riesigen Park zu kümmern hatte. Fast täglich erschien der König, ein unbequemer, aber fleißiger Bauherr, auf der Baustelle und ließ sich über den Fortgang der Arbeiten berichten. Nichts konnte ihn entmutigen – weder die hohen Kosten, die ihn dazu zwangen, sein silbernes Tafelgeschirr zu Münzen schlagen zu lassen, noch die Fieberepidemien unter dem Arbeiterheer oder die massenweisen Desertionen von Handwerkern während der kalten Winter 1678 und 1684.

Farben. Nicht nur Wände und Decken erstrahlten in Weiß und Gold, auch die über den Marmorbecken des Gartens thronenden Wassergottheiten ließ der König vergolden, und goldene Ornamente bekränzten die Mansarden in der Dachfläche, jene von Hardouin-Mansart erfundenen und bis heute nach ihm benannten Fensterausbauten.
Einen unerhörten technischen Aufwand erforderte der Bau der Wasserkünste. Da es in der näheren Umgebung des Schlosses kein fließendes Wasser gab, mußte man es von der Seine heranholen. Bei Marly wurde ein Pumpwerk errichtet, dessen 221 Pumpen das Seinewasser über die 162 m hohen Uferhöhen hoben. Von hier aus strömte es nach Versailles, 6000 cbm in 24 Stunden. Die »Maschine von Marly«, erfunden von dem

Techniker arabischer Abstammung René Rennequin Sualem, funktionierte einwandfrei bis zum Jahre 1804, wurde umgebaut und hielt nochmals fast 60 Jahre durch, ohne Schaden zu nehmen. Sie überlebte auch den fehlgeschlagenen Versuch, das Wasser der Eure nach Versailles zu leiten.
Am 6. Mai 1682 verlegte Ludwig XIV. seinen Hof »für immer« nach Versailles – jenen glanzvollen Hof, ohne den man sich die Monarchie des Sonnenkönigs nicht vorstellen kann, wie andererseits der Hof ohne Versailles undenkbar ist. Die Angehörigen der vornehmsten Adelsgeschlechter stritten sich um die Ehre, dem König zu dienen.
»Der Adel beugte sich einer Etikette, die nicht weniger streng war als die spanische, und war stolz, den Königskult zu zelebrieren. Das Aufstehen, die Mahlzeiten, das Zubettgehen wurden zu Feierlichkeiten, die sich täglich nach denselben unwandelbaren und genau festgelegten Riten vollzogen. Und wenn ein Höfling das Zimmer Ludwigs XIV. durchschritt und am königlichen Bett vorbeikam, so beugte er das Knie wie in der Kirche vor dem Altar« (Georges Pagès).
»Notwendige Faktoren in einem gewissen Stadium der Kultur« nannte Goethe diesen Pomp, der uns heute so unendlich komisch vorkommt.
Glanzvolle Feste fanden in den zahllosen Räumen und in den riesigen Parks des Schlosses statt. Aber Versailles mit den angrenzenden Schlößchen von Trianon war nicht nur Mittelpunkt der Feste einer munteren Hofgesellschaft, von hier aus wurde – in bewußter Distanz zum Volk und zur Hauptstadt Paris – Frankreich regiert und das Heer in vielen Kriegen kommandiert. Versailles behielt seine Bedeutung, bis man nach Anbruch der Französischen Revolution Ludwig XVI. am 6. Oktober 1789 aus seinem Palast holte und in die Tuilerien brachte. Innerhalb kurzer Zeit sank die Einwohnerzahl der Höflingsstadt Versailles um die Hälfte.
Im Krieg von 1870/71 war das Schloß Sitz des deutschen Hauptquartiers. Im Spiegelsaal wurde am 18. Januar 1871 die Wiederherstellung des deutschen Kaisertums proklamiert, im selben Prunksaal wurde aber auch am 28. Juni 1919 der »Versailler Vertrag« zwischen Deutschland und den Siegermächten des ersten Weltkrieges unterzeichnet.
Versailles, heute Besichtigungsobjekt von starker Anziehungskraft und Museum, wurde zu seiner Zeit in ganz Europa kopiert. Ob Schloß Schönbrunn in Wien oder das Königsschloß von Madrid, Caserta bei Neapel oder Sanssouci in Potsdam, überall finden sich die gleichen langgestreckten Schloßbauten im Stil von Hardouin-Mansart, die gleichen prunkvollen Gartenanlagen, wie sie Le Nôtre für Ludwig XIV. anlegen ließ.

Meeres- und Flußgötter bevölkern die Wasserbecken vor der Gartenfront des Schlosses. Hier die Darstellung der Seine vor dem Gartenportal *(oben)*. *Linke Seite:* Blick vom Parterre de Latonne auf das Schloß *(links oben)*; Ansicht der Schloßanlage aus dem Jahre 1715 *(links unten;* Stich von P. Menant); Kronleuchter vor dem Eingang zum Spiegelsaal *(rechts)*. *Vorhergehende Doppelseite:* Blick auf Ehrenhof und Hauptportal des Schlosses von Versailles; in der Mitte das Reiterstandbild König Ludwigs XIV.

Elektrizität aus dem Meer

GEZEITENKRAFTWERK LA RANCE

Die Verwertung der von der Natur kostenlos gelieferten Gezeitenenergie ist ein uralter Menschheitstraum. Meereskraftmaschinen, die sich den Höhenunterschied des Wasserstandes bei Ebbe und bei Flut zunutze machten, gab es schon vor 500 Jahren. Eine von ihnen, die Flutwassermühle Saint-Suliac, kann man heute noch besichtigen. Sie steht unweit von Saint-Malo in der Mündung des Rance-Flusses, und die Ingenieure des ersten großangelegten Gezeitenkraftwerks der Welt weisen den Besucher stolz auf diesen Vorläufer ganz in ihrer Nähe hin.

Ein Zufall wollte es, daß der 36jährige Ingenieur Robert Gibrat, dem man 1940 die Abteilung Energiewirtschaft im französischen Ministerium für öffentliche Arbeiten anvertraut hatte, auf die längst vergessenen Pläne für ein Gezeitenkraftwerk stieß. Gibrat entwarf ein Dammbauwerk, mit dem man eine Bucht oder einen Meeresarm absperren konnte. Turbinen sollten die bei Flut ein- und bei Ebbe ausströmenden Wassermassen in elektrische Energie verwandeln.

Nach längeren Untersuchungen entschied sich der junge Ingenieur für den Rance-Fluß als Standort. Hier boten sich ideale Voraussetzungen. Etwa 10 km vor der Mündung in den Ärmelkanal erweitert sich die Rance zu einem bis zu 1000 m breiten Becken. Es ließ sich als Staubecken verwenden, wenn man es unmittelbar vor Saint-Malo durch einen Damm absperrte. 13 m machte der Höhenunterschied zwischen Hoch- und Niedrigwasser aus – mehr als sonst irgendwo auf der Welt. Unter günstigen Verhältnissen nahm die Rance bei Flut in der Sekunde etwa 18000 cbm Wasser auf.

Gibrat gründete ein privates Forschungsgremium, das seine Pläne vorantreiben sollte. Es wurde später von dem französischen Energiekonzern »Electricité de France« übernommen. Jules Verne aus Saint-Malo, Verfasser unzähliger technisch-utopischer Romane, hätte an den nun folgenden Versuchen seine helle Freude gehabt. In einem verlassenen Hafenbecken von Saint-Servan baute man ein naturgetreues Modell der geplanten Anlage. Man stellte dabei fest, daß es nicht ganz problemlos sein würde, in einem ständig unter Wasser stehenden Flußbett ein Kraftwerk zu errichten.

1961 wurde in der Rancemündung mit den Arbeiten begonnen. Man hatte sich nach dem Ergebnis des Modellbaues dazu entschlossen, mitten in dem an dieser Stelle 750 m breiten Flußbett zwei bogenförmige Fangdämme zu errichten. Stahlbetonzylinder mit einer Höhe von 20 bis 25 m und einem Durchmesser von 9 m wurden so in den Flußboden gesetzt, daß sie den mittleren Wasserstand um 14 m überragten. Die Hohlkörper füllte man mit Tausenden von Tonnen Sand. Nach der Abdichtung der beiden Dämme besaß man als Baugrube ein ellipsenförmiges Becken, das man leerpumpen konnte.

In diesem Becken wurde das Kraftwerk errichtet. Es hat die Form eines Beton-Hohldamms und nahm die 24 Turbinenaggregate auf. Die Turbinen arbeiten sowohl bei der Füllung des Speicherbeckens (bei Flut) als auch bei der Entleerung (bei Ebbe). In Zeiten schwacher Belastung kann außerdem Wasser aus dem Meer in das Becken gepumpt werden. Die Aggregate erzeugen jährlich rund 540 Millionen kWh. Das erste Gezeitenkraftwerk der Welt arbeitet, als hätte es so etwas schon immer gegeben.

Die berühmte Klosterburg Mont-St-Michel *(oben)* war im Gespräch, als es darum ging, den Standort für das Kraftwerk festzulegen. Bogenförmige Dämme *(Mitte)* legten den Baugrund für den Kraftwerksdamm trocken. *Unten:* Die Schaltzentrale des Kraftwerks regelt den Wasser-Zu-und Abfluß. *Rechte Seite:* Blick über den Hohldamm *(oben),* in den 24 Turbinen *(unten rechts)* eingebaut wurden. *Links:* Flutmühle von Saint-Suliac. *Vorhergehende Doppelseite:* Meerwasser strömt bei Flut ins Becken.

Le Corbusiers Wallfahrtskapelle

RONCHAMP

Der schweizerisch-französische Architekt Le Corbusier, mit bürgerlichem Namen Charles-Edouard Jeanneret, hatte bis dahin nur weltliche Bauten entworfen und sich mit städtebaulichen Problemen auseinandergesetzt. Werke wie das Schweizer Haus der Cité Universitaire in Paris oder die Unité d'Habitation in Marseille hatten ihn weltberühmt gemacht. Deshalb zögerte er, als man ihm 1950 vorschlug, als Ersatz für die im zweiten Weltkrieg zerstörte Wallfahrtskirche Notre-Dame-du-Haut von Ronchamp, unweit von Belfort, eine neue Kapelle zu bauen.

Den Ausschlag gab eine Ortsbesichtigung. Im Juni 1950 entstanden die ersten Skizzen. Sie wichen so vollständig vom Gewohnten, Althergebrachten ab, daß Le Corbusier selbst von einem »mit Tollkühnheit, gewiß aber mit Mut« geplanten Bauwerk sprach. Wie eine »Höhle ohne Berg« mutet der Innenraum der Kapelle an. Die äußere Form erinnert eher an eine moderne Plastik als an eine Kirche. Aber der Erzbischof von Besançon und seine Diözesanbaukommission billigten die kühnen Pläne. Nach vierjähriger Bauzeit wurde das Bauwerk konsekriert. Seine Ausmaße sind vergleichsweise bescheiden. Das 25 × 15 m große Kirchenschiff faßt höchstens 250 Menschen. Für die großen Pilgerzüge wurden ein Altar und eine Kanzel im Freien errichtet.

»Keinen Augenblick dachte ich daran, etwas zu schaffen, das Aufsehen erregen sollte«, bekannte Le Corbusier. Und doch gab es in den Jahren seit der Fertigstellung der Kapelle kaum ein Bauwerk auf der Welt, das tiefer verdammt und höher gelobt wurde als Notre-Dame-du-Haut von Ronchamp. Die völlige Asymmetrie des Baues, die Abkehr vom Glockenturm – die drei Türme dienen lediglich als Lichtschächte für die Altäre –, das wie umgestülpt wirkende, an den Rändern hohe und in der Mitte vertiefte Dach, der fast kahle Innenraum – alles das erschreckte die Kritiker, erinnerte sie an Picasso.

Le Corbusier stritt gewisse Zusammenhänge nicht ab: »Die abstrakte Kunst, die heutzutage ganz zu Recht hitzige Gefechte entfacht, ist die Ursache, daß Ronchamp existiert.« Und schon früher hatte der Künstler erklärt: »Man macht keine Revolution, indem man aufbegehrt; man macht eine Revolution, indem man die Lösung bringt.«

Er hatte das Glück, seine stärksten Verteidiger unter seinen Auftraggebern zu finden. »Man wird zuerst überrascht von der äußersten Neuartigkeit dieser Formen«, schrieb der französische Dominikaner M. A. Couturier. »Sehr bald aber erkennt man, daß sich Flächen und Formen hier mit der Empfindsamkeit und Freiheit lebendiger Organismen entwickeln, doch zugleich auch der Strenge unterworfen bleiben, die Funktion und Zweck des Organischen lenkt. In allen Teilen offenbart sich der sakrale Charakter, nicht zuletzt in dieser Neuartigkeit, im Ungewohnten der Gestalt.«

Wer von einer Wallfahrtskirche Pracht und Prunk verlangt, wird von Ronchamp enttäuscht sein. Das Bauwerk hoch über den Wäldern von Cherimont erschließt sich nicht auf den ersten Blick. Die Kapelle ist zunächst einmal ein funktioneller Bau, der seine Aufgaben auf eine bestmögliche Weise zu erfüllen sucht. Aber sie ist noch mehr als das: »Ein Gefäß der Stille, der Anmut. Ein Verlangen, mit der Sprache der Baukunst die an dieser Stätte geweckten Gefühle zu erreichen« (Le Corbusier).

Die Türme der Kapelle, unter denen Altäre stehen, haben die Funktion von Lichtschächten *(oben)*. *Unten:* Außenansicht mit dem überkragenden Dach. *Rechte Seite:* Licht und Schatten erzeugen die eigenartige Raumwirkung der Kapelle *(oben)*. *Unten links:* Eins der farbigen Portale. Unter den drei Türmen der Wallfahrtskirche *(unten rechts)* wurden die Altäre angeordnet.

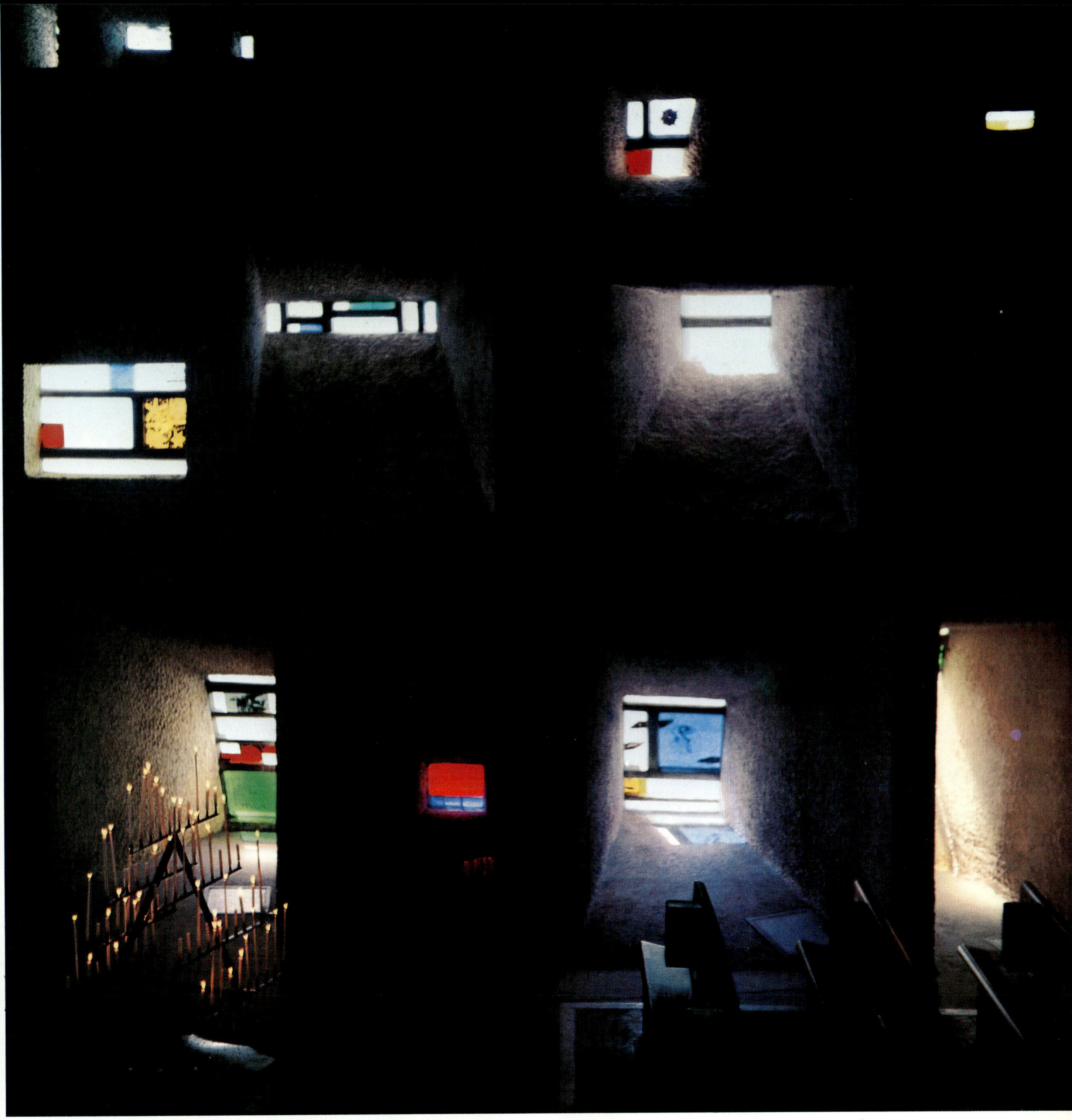

Ebenso geheimnisvoll wie gewaltig ragen sie aus der flachen Heide der südenglischen Grafschaft Wiltshire: dreißig mächtige, aufrecht stehende Blöcke, jeder über 4 m hoch und bis zu 2 1/2 m breit.

Welchem Zweck dienten die Riesensteine von Stonehenge in grauer Vorzeit? Waren sie Tempel und Opferstätte? Sahen sie die Totenriten der Bronzezeitmenschen? Oder waren sie nichts weiter als ein raffiniert angelegtes Observatorium? Eine prähistorische Sternwarte? Niemand vermag es zu sagen.

Über eines sind sich die Fachleute einig. Stonehenge ist der schönste, der imposanteste Zeuge der Megalithkultur, den Europa aufzuweisen hat, jener vorgeschichtlichen Kultur, die den Grab- und Totenkult pflegte und sich ab 3000 v. Chr. in Frankreich, Spanien und Nordeuropa mit riesigen Bauten aus Megalithen (Großsteinen) unvergängliche Denkmäler setzte.

Die Radiocarbon-Methode verriet uns, wann Stonehenge vermutlich erbaut wurde – um 1600 v. Chr. Moderne Untersuchungsmethoden enthüllten, daß sämtliche 30 Blöcke des äußeren und die 49 kleineren des

inneren Steinkreises mit unendlicher Sorgfalt ausschließlich mit Steinwerkzeugen geglättet wurden. Was sich Stonehenges »Architekten« einfallen ließen, um die tonnenschweren Stein-Ungetüme aus den Steinbrüchen der 180 km entfernten Prescelly-Berge heranzuschaffen, konnte allerdings noch niemand ergründen.

Vor über 3500 Jahren wurden die Riesensteine von Stonehenge aufgerichtet *(rechts und oben)*. Bis heute weiß man noch nicht, welchem Zweck sie einst gedient haben.

Zeuge der Megalithkultur

STONEHENGE

Geburt einer Insel
SURTSEY

Für die Isländer ist ein Vulkanausbruch nichts Außergewöhnliches. Auf der »Feuerinsel am Polarkreis« gibt es etwa 150 Vulkane, die seit der Eiszeit in Tätigkeit gewesen sind. Allein seit der Besiedlung des Landes machten sich 30 Vulkane mehr oder weniger oft bemerkbar. Im Durchschnitt fand in den letzten Jahrhunderten alle fünf Jahre ein Vulkanausbruch statt.
Trotz aller Gewöhnung an die Vulkantätigkeit waren selbst die Isländer überrascht, als sie die Nachricht vom jüngsten Vulkanausbruch in der Zeitung lasen. Ein Fischerboot hatte am frühen Morgen des 14. November 1963 im offenen Nordatlantik, 40 km südlich von Island, einen tätigen Vulkan entdeckt. Die Geologen stellten fest, daß das Meer an dieser Stelle etwa 130 m tief sein müsse. Am ersten Tage waren nur Dampf- und Rauchwolken zu beobachten. Am zweiten Tag tauchte eine ganze Insel von 500 m Länge und 10 m Höhe aus dem Wasser auf. Sie vergrößerte sich rasch. Am dritten Tag konnte man die Rauchwolke über der Insel – sie mochte etwa 10 km hoch sein – schon vom 110 km entfernten Reykjavik aus beobachten. Surtur taufte man den neuen Vulkan, nach dem obersten Feuerriesen der germanischen Mythologie, und Surtsey, Insel des Surtur, hieß folgerichtig die Insel.
Dreimal wechselte im ersten Vierteljahr der Ausbruch in einen neuen Krater. Im April 1964 ließ der Auswurf von Asche und Bimsstein nach. Nach kurzer Pause begann der Vulkan weiß- und rotglühende Basaltlava zu produzieren. Sie floß ins Meer ab, brachte es zum Kochen und ließ gewaltige Dampfwolken zum Himmel steigen. Innerhalb eines Jahres wurden über eine Milliarde cbm Lava gefördert. Im April 1965 war die Insel 3 qkm groß und wies im Süden eine 14 m hohe Steilküste auf. Ihr Bestand schien endgültig gesichert zu sein.
Die ersten Besucher der Insel waren zwei Reporter einer französischen Illustrierten. Zwischen zwei Ausbrüchen wagten sie sich auf das gefährliche Eiland und hißten die Trikolore. Seehunde waren die ersten Tiere, die den warmen Surtseystrand zu einem Schläfchen benutzten. Im Lauf der Zeit nisteten sich zahlreiche Seevögel ein. Alle Gäste auf der Insel machten sich aus dem Staub, als 800 m östlich von Surtsey eine zweite Insel aus dem Atlantik auftauchte. Ihr Vulkan deckte die Insel des Surtur mit einem 20 cm dicken Aschenteppich zu. Bevor man dem neuen Inselchen einen Namen gegeben hatte, verschwand es wieder in den Tiefen des Ozeans. Dafür kam Ende Dezember 1965 eine dritte Insel zum Vorschein, die im Mai 1966 12 ha Größe erreichte.
Auch die isländische Hauptinsel, 103106 qkm groß, verdankt ihre Existenz dem Vulkanismus. Die ältesten Gesteine der Insel sind kaum älter als 60 Millionen Jahre. Große Teile des Landes wurden während der letzten Jahrmillion aufgebaut, und ein Zehntel der Fläche Islands ist von Lavaströmen bedeckt, die jünger sind als 10000 Jahre. Fast alle Vulkantypen sind auf Island anzutreffen, aber am häufigsten sind Spaltenvulkane, die in langen Kraterreihen bis zu 100 Einzelschlote tätig werden lassen und dabei ungeheure Mengen

Eine Insel wird geboren. Der Krater des Surtur am 15. September 1964, zehn Monate nach dem ersten Ausbruch des neuen Vulkans vor der Küste Islands.

Basaltlava auswerfen. Zu einer solchen Katastrophe kam es zuletzt in den Jahren 1783 bis 1784. Bei einem Ausbruch des Spaltenvulkans Laki wurden damals 560 qkm Land von Lavaströmen zugedeckt. Aschewolken trieben bis nach Afrika, 75% des Viehbestandes gingen zugrunde, in der Folge verhungerten 9000 Menschen.

Auch im Basaltgebiet, wo es heute keinen tätigen Vulkan mehr gibt, macht sich die Unterwelt mit fauchenden Geysiren und brodelnden Schlammkratern bemerkbar. Viele der heißen Quellen wurden gezähmt und zur Heizung von Städten und Dörfern benutzt. Das Land ohne Eisenbahn und ohne Heer kennt keine Energieprobleme. Trotzdem bleibt die bange Frage: Wo wird der nächste Vulkan ausbrechen?

Am ersten Ausbruchstag *(linke Seite oben)*, dem 14. November 1963, ist vom Flugzeug aus nur Dampf und Rauch zu erkennen, ebenso am dritten Tag *(oben Mitte)*. An diesem Tag entstand auch das Bild mit dem die Wolke umkreisenden Flugzeug *(oben)*. *Unten Mitte:* Krater des Surtur am 25. April 1965. *Linke Seite unten:* Surtsey Anfang Juli 1965 mit Lagunensee und der zweiten, bedeutend kleineren Insel.

Das älteste Parlament der Welt, Islands Althing, hielt seine erste Sitzung im Jahre 930 n. Chr. ab, etwa sechzig Jahre nach dem Beginn der Besiedlung des Landes durch die Norweger. Ort dieses Treffens war kein festes Haus, sondern ein Platz unter freiem Himmel. Der Bauer Grim Geitskór hatte ihn ausgesucht. Der Treffpunkt, etwa 50 km vom heutigen Reykjavik entfernt, war eine 5 km lange Schlucht in einem weiten Lavafeld. An dieser Schlucht, die man »Allmännerschlucht« nannte, weil alle freien Männer des Landes auf einmal hineinpaßten, wurde Thingvellir, der isländische Thingplatz, errichtet.
Bis zum Jahre 1798, als das Althing eines Erdbebens wegen nach Reykjavik umzog, fanden an der Allmännerschlucht die jährlichen Thingversammlungen statt. Hier wurden nicht nur

Rechtsstreite ausgetragen, bei denen der »Gesetzesverkünder« die Gesetze aus dem Gedächtnis zitierte, sondern es fanden auch Zweikämpfe statt, traten Gaukler auf, rezitierten Skalden ihre neuesten Epen. Thingvellir war Jahrhunderte hindurch der Mittelpunkt des »Landes ohne Hauptstadt«.
Heute unternehmen die Leute von Reykjavik ihre Sonntagsausflüge zur Allmännerschlucht. Dabei vergessen sie nicht, den Öxará-Wasserfall zu besuchen. Er ist künstlich angelegt worden – von den Thingbesuchern, die einst das Öxará-Flüßchen über den Steilabfall der Schlucht leiteten.

Die Allmännerschlucht *(rechts)* mit Thingvellir, der uralten isländischen Thingstätte. *Oben:* Luftaufnahme des Öxará-Wasserfalls in die Schlucht.

Islands Forum Romanum

THINGVELLIR

Ein Drittel der Fläche Jugoslawiens wird vom Karst bedeckt. Vom Triglav bis zu den Bergen Albaniens reicht dieses Gebiet mit seinen Tausenden von Höhlen, Dolinen und Sickerflüssen. Man hat den Karst mit einem ungeheuren versteinerten Badeschwamm verglichen. Die 300 m mächtige Schicht ist von endlosen Gängen durchzogen, die alles Oberflächenwasser in sich aufnehmen.

Ganze Flüsse verschwinden im Karst unter der Erdoberfläche, spülen Gänge, Höhlen und Schluchten aus dem Gestein, stürzen über Katarakte und ergießen sich ins Meer. Die Höhlen von Postojna, früher Adelsberger Grotten genannt, haben ihr Dasein dem Pivkafluß zu verdanken, der als klassischer Sickerfluß hier das Karstinnere ausgehöhlt hat. Das kalkhaltige Deckentropfwasser schuf ein wahres Labyrinth phantastischer Tropfsteingebilde.

Säulen und Vorhänge, Stalagmiten und Stalaktiten bauten prächtige Hallen und Säle auf. Ungefähr 23 km davon sind erforscht, aber die schon im Altertum bekannte Postojna-Höhle, eine der größten der Welt, hält zweifellos noch weitere Überraschungen bereit. Mit einer kleinen

Elektrobahn kann man durch die schönsten Gänge fahren. Die Säle tragen Bezeichnungen aus der »Oberwelt«: »Kathedrale«, »Paradiesgrotte«, »Tanzsaal«. Im »Kongreßsaal« tagten die Höhlenforscher, im »Großen Saal« kann man im Flutlichtaquarium den Grottenolm besichtigen, eine Lurchart, die niemals das Licht des Tages erblickt.

Verzaubert wirken die Höhlen von Postojna *(rechts und oben)* im Licht der Scheinwerfer.

Labyrinth im Karst
POSTOJNA-HÖHLEN

Phönix aus der Asche

KREML IN MOSKAU

KREMELIN Das Schloß in Muscau

Über Moskau geht nur der Kreml, über den Kreml nur der Himmel«, sagt ein altrussisches Sprichwort. Vor mehr als achthundert Jahren – so berichtet die Legende – wurde die erste Ansiedlung an der Stelle des heutigen Moskau begründet. Der Bojar Stepan Kutschka begegnete auf der Jagd einem Adler mit zwei Köpfen (dem späteren Wappentier der Zaren), der ein Wildschwein schlug. Stepan nahm das als göttliches Zeichen und ließ an der Stelle dieses Jagdabenteuers ein Jägerdörfchen errichten, das nach ihm Kutschkowo genannt wurde.

»In einem schweren Traum sah er eine gewaltige Stadt an der Stelle seines Dörfchens«, heißt es in der Legende. »Die mächtige Festung mit weißem Gemäuer und Zinnen reichte hinunter bis ans Ufer der Njeglinnaia. Sie sah sonderbar aus, ihre Dächer glichen denen, die man bei den Muselmanen fand.« Kutschkowo entwickelte sich zu einem blühenden Flecken, denn der Bojar ließ sich von allen den Fluß passierenden Schiffen Zoll bezahlen. Das erregte den Neid des benachbarten Fürsten von Susdal, Jurij Dolgorukij. Dieser Fürst veranstaltete gemeinsam mit Stepan eine Jagd. Am nächsten Morgen fand man die Leiche des Bojaren. Er war das erste Opfer in der an Gewalttätigkeiten, Intrigen und Revolten nicht armen Geschichte des Kremls.

1325 verlegte der Metropolit Peter seine Residenz in die damals noch unbedeutende Stadt an der Moskwa, dem »trüben Fluß«. Großfürst Iwan Danilowitsch Kalita, der 1333 vom Großchan als Oberhaupt von Rußland anerkannt wurde, ließ die Stadt befestigen und gab der Burg den Namen Kreml. »Von der Stadt durch eine Festungsmauer getrennt, war er seit jeher eine Welt für sich: unheimlich, rätselvoll, heiliges Zentrum der Macht. Dort wurde der russische Nationalismus fixiert, der zur Einigung des Landes führte, und dort war der eigentliche Hort orthodoxer Frömmigkeit.«

Mehrmals im Lauf der Jahrhunderte wurden Moskau und der Kreml angegriffen, überfallen, zerstört und niedergebrannt. Aber immer wieder entstand die Zitadelle neu, gleichsam ein Phönix aus der Asche. Wer den Kreml besitzt, beherrscht Rußland – das wußten die Generale des Dschingis Chan ebenso wie Napoleon oder Hitler. Sie alle scheiterten an der »geheimnisvollen Kraft dieser Urzelle Rußlands«.

Der Moskauer Kreml – das Wort Kreml bezeichnet ganz allgemein eine Zitadelle oder Burg, wie es sie auch in anderen russischen Städten gab – ist ein ganzer Stadtteil für sich, umgeben von einer zinnengekrönten, 20 m hohen Ziegelsteinmauer von 2,6 km Länge, durch die fünf Tore in das Innere führen. Diese Mauer umschließt eine ganze Sammlung von Kirchen und Klöstern, Palästen, Regierungs- und Staatsgebäuden.

Berühmt sind die drei großen Kathedralen, die im wesentlichen im 15. Jahrhundert entstanden und mehrmals umgebaut wurden. Die Uspenskij-Kathedrale (Kathedrale der Himmelfahrt Mariä), Krönungskirche der Zaren und Begräbnisstätte der früheren Patriarchen, stammt von dem italienischen Baumeister Fioraventi. Nach jeder Zerstörung oder Plünderung (1493, 1547, 1682 und 1812) wurde sie an Hand der alten Pläne wiederhergestellt. Ihr gegenüber liegt die Archangelskij-Kathedrale (Kathedrale des Erzengels Michael). Der Mailänder Alevisio Novi war ihr Architekt. Tauf- und Trauungskirche der Zaren war die Blagowjeschtschenskij-Kathedrale (Kathedrale der Verkündigung Mariä) mit ihren neun Kuppeln.

Die berühmte Basiliuskathedrale steht außerhalb der Mauer auf dem Roten Platz (so hieß er schon vor der Revolution), in unmittelbarer Nähe des Kremls. Der bizarre, aus elf kleinen, ineinander verschachtelten Kapellen bestehende Bau entstand auf Befehl Iwans des Schrecklichen. Es geht die Sage, der Zar habe den Baumeister nach der Vollendung des Werkes blenden lassen, damit er niemals mehr dazu in der Lage sei, etwas ähnlich Prächtiges zu schaffen. »Es gibt auf Erden keinen Bau, der sich an launenhafter Verschiedenheit der Formen mit dieser Kathedrale vergleichen ließe. Keine Pagode Siams, Birmas oder Japans erreicht sie darin« (Hesse-Wartegg). Unübertroffener Prachtbau des Kremlbezirks ist der erst 1838 bis 1849 von Thon für 12 Millionen Rubel errichtete Große Kremlpalast. Säle, Hallen, Treppen, Galerien und Privatgemächer wurden mit allem Prunk des kaiserlichen Rußland ausgestattet.

Nach dem Zusammenbruch des Zarenreichs wurde der Kreml Sitz des Obersten Sowjets und der Regierung. Der einst streng abgeschlossene Palastbezirk wurde der Öffentlichkeit zugänglich gemacht. Neue Bauten entstanden im Stil der stalinistischen Ära. Aus Palästen und Kirchen wurden Museen. An der Kremlmauer baute man ein Mausoleum für die mumifizierten sterblichen Überreste Lenins, an denen täglich Tausende von Sowjetbürgern vorbeiziehen. Einst wie heute gilt der Kreml als Symbol der Macht und als Mittelpunkt eines unermeßlich großen Reiches.

Von oben nach unten: Kremlpalast, Sitz des Obersten Sowjets; »Zar Kolokol«, die größte Glocke der Welt – sie hat niemals geläutet; Eingang zum Lenin-Mausoleum; goldene Turmkuppeln im Kreml.
Linke Seite: Blick über die Moskwa mit der auf den Roten Platz führenden Brücke, der Basiliuskathedrale und der Kremlmauer *(oben)*; alte Gesamtansicht des »Kremelin« in »Muscau« *(unten)*.
Vorhergehende Doppelseite: Basiliuskathedrale mit der 20 m hohen Kremlmauer und dem Roten Platz.

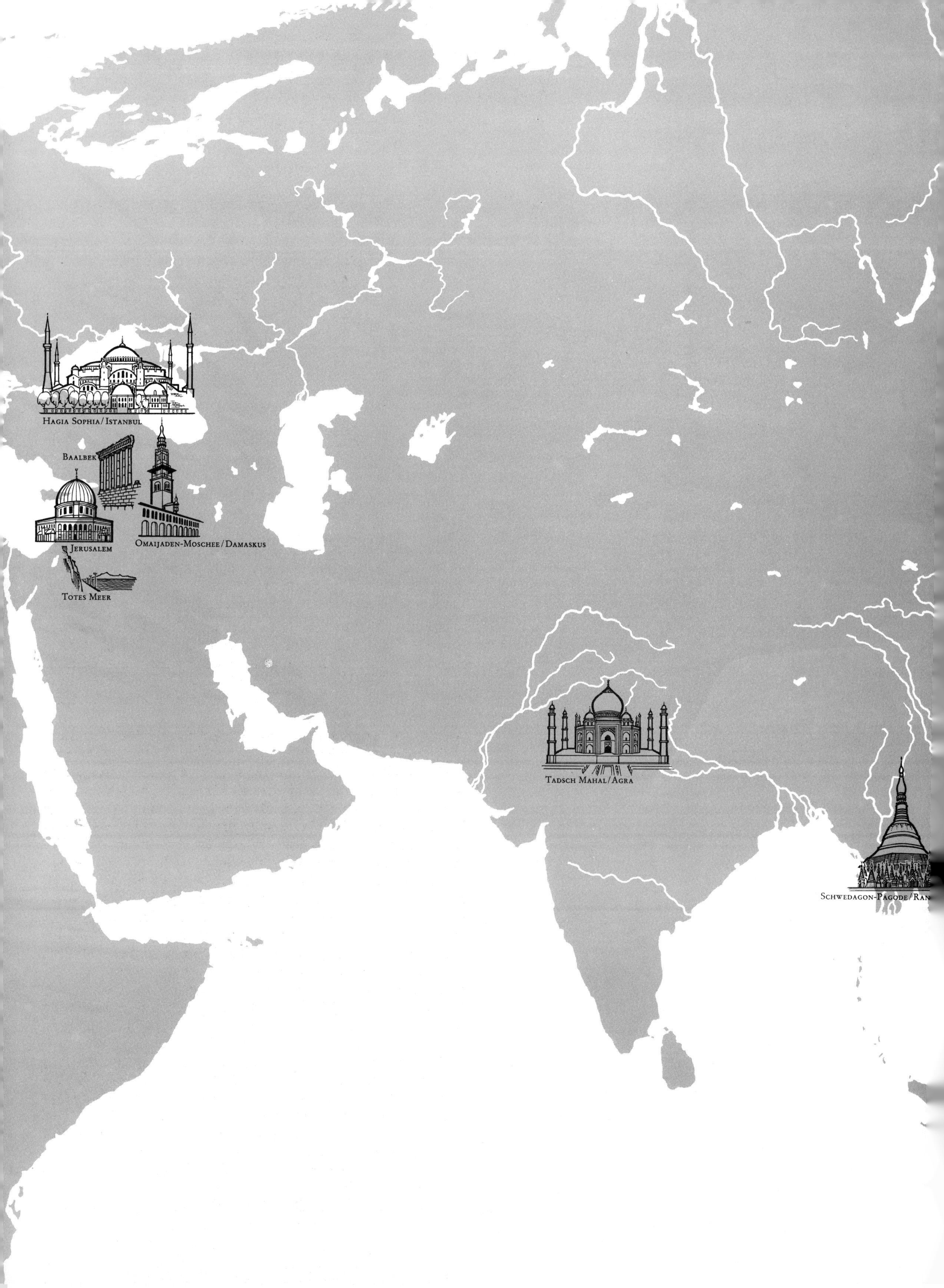
Hagia Sophia/Istanbul
Baalbek
Jerusalem
Omaijaden-Moschee/Damaskus
Totes Meer
Tadsch Mahal/Agra
Schwedagon-Pagode/Ran

WELTWUNDER ASIENS

Die Weltwunder des asiatischen Kontinents haben, vom leichter erreichbaren Nahen Osten abgesehen, zweierlei gemeinsam: sie liegen größtenteils in Ländern, die vom allgemeinen Touristenverkehr selten berührt werden, und es handelt sich bei ihnen zum überwiegenden Teil um Sakralbauten und Kultstätten aus früheren Jahrhunderten. Ihrer Großartigkeit tut das keinen Abbruch – aber trotzdem ist damit schon gesagt, daß Höchstleistungen der modernen Technik, die sich mit ähnlichen Werken in anderen Kontinenten vergleichen ließen, in Asien einstweilen noch Seltenheitswert haben.

Asiens Weltwunder stammen aus der Geschichte. In erster Linie geht es dabei um Religionsgeschichte. Christus, Mohammed, Buddha und Konfuzius kamen aus dem asiatischen Kulturkreis. Ihrer Ehre dienten Kirchen, Moscheen und Pagoden wie die Hagia Sophia in Istanbul, die Omaijadenmoschee in Damaskus oder die erstaunlichen Tempelanlagen von Borobudur auf Java. Beim Bau dieser Prachtbauten wurde alles aufgeboten, was der Zurschaustellung von Macht und Größe der betreffenden Religion und ihres Gründers dienen konnte. So wurden Bauwerke errichtet, die die Jahrhunderte überdauerten – nicht nur äußerlich, als mehr oder weniger gut erhaltene Baukörper, sondern auch hinsichtlich der Großartigkeit und Großzügigkeit ihrer Konzeption, ihrer baukünstlerischen Vollendung, ihrer gestalterischen Einmaligkeit.

Was bieten die Länder des asiatischen Kontinents außer den für die folgenden Seiten ausgewählten Weltwundern noch an Sehenswertem, Außergewöhnlichem? Zu erwähnen wären die religiösen Zentren der islamischen Wallfahrtsorte, vor allem Mekka, Karbala und Dschidda, weiter die Moscheen von Kleinasien bis nach Indien, schließlich die altindischen Tempel von Ellora, Madura und einem Dutzend weiterer Städte, die Halle der Winde in Dschaipur, die Pagoden Chinas, der Himmelstempel von Peking. In Japan wären der Tempel der 33333 Gottheiten in Kyoto, der Bezirk von Nara, der Fudschiyama von besonderem Interesse. Den berühmten Potala des Dalai-Lama dürfte man bei einer erweiterten Auswahl ebenfalls nicht vergessen. Das Wunderland Asien steckt voller Überraschungen – auch im Atomzeitalter.

Sinnbild der göttlichen Weisheit

HAGIA SOPHIA

Wie eine mächtige Burg beherrscht die Hagia Sophia die Silhouette von Istanbul. Anderthalb Jahrtausende wurde sie als Weltwunder gefeiert, und bewundert, ein Monument menschlicher Hochkultur, wie es nie wieder geschaffen wurde.
Dem Besucher von heute fällt es schwer, hinter der äußeren Erscheinung der Kirche den versunkenen Glanz des goldenen Byzanz zu entdecken. Das bewegte Schicksal der Hagia Sophia – von der christlichen Kirche der Kirchen zur islamischen Moschee und zum heutigen Museum – hinterließ überall seine Spuren in Form von zahlreichen Um- und Anbauten, Ergänzungen und Veränderungen. Nur die herrliche Hauptkuppel, deren Scheitel sich 56 m über dem Kirchenschiff erhebt, hat nichts von ihrer unvergleichlichen Würde und Anmut verloren. Sie diente beim Bau zahlreicher östlicher Moscheen und westlicher Dome als Vorbild.
Kaiser Konstantin der Große erbaute die erste Kirche an der Stelle der heutigen Hagia Sophia, als er 336 Byzanz unter dem neuen Namen Konstantinopel zur Hauptstadt seines oströmischen Reiches machte. »Meggale ekklesia«, die große Kirche, nannte er sie. Zweihundert Jahre später ging das Bauwerk – und mit ihm der größte Teil Konstantinopels – bei einem Aufstand gegen Kaiser Justinian (527–556) in Flammen auf.
Justinian baute die Kirche wieder auf, größer und schöner denn je. Thenios von Trelles und Isidoros von Milet, die berühmtesten Baumeister Ostroms, schufen die Entwürfe. Aber

der Kaiser griff immer wieder ratend und handelnd ein. »Ein Engel zeigt ihm im Traum die Baupläne«, flüsterte das Volk. 360 Zentner Gold kosteten die Bauarbeiten. Zehntausende von Handwerkern trugen sechs Jahre lang alle Kostbarkeiten Ostroms zusammen, den schönsten Marmor, die herrlichsten Säulen. Goldene Mosaiken schmückten die Wände.

Die vollendete Hagia Sophia (»Göttliche Weisheit«) wurde zum Heiligtum des östlichen Christentums. Sie blieb es, bis die Türken 1453 Konstantinopel eroberten, das seither den Namen Istanbul trägt. Unter dem Wehklagen der christlichen Welt wandelten sie die Kirche zur Moschee um. 1935 erklärte Kemal Atatürk die Hagia Sophia zum Museum.

»Religiosität und Raumkunst, Form- und Farbgebung, Licht und Legende gehen in der Hagia Sophia in unvergleichlicher Weise ineinander über und auseinander hervor«, schrieb Prof. Dr. Nastainczyk. »Als Bauwerk manifestiert sie die eucharistische Transparenz alles Irdischen, in ihrer Geschichte die eschatologische Koinzidenz gelebter Gläubigkeit.«

Von der Blauen Moschee in Istanbul fällt der Blick auf die Hagia Sophia und den Bosporus *(oben rechts)*. Die einst berühmteste Kirche der Christenheit in einer alten Darstellung *(rechts unten;* aus der Schedelschen Weltchronik, 1493). Die Rückansicht der Hagia Sophia *(oben links)* zeugt von den Bausünden der Jahrhunderte. Konstantin der Große *(Mitte links:* Ruinen seines Palastes) erbaute die »Meggale ekklesia«. *Unten links:* Christusdarstellung in Mosaikarbeit aus der Hagia Sophia (12. Jh.). *Linke Seite:* Innenraum der zur Moschee umgestalteten Kirche.

Die Tempel, größer und prächtiger geplant als die Akropolis von Athen, wurden niemals fertig. Obwohl – nach Meinung der Araber – Engel und Geister sich mit vereinten Kräften um den Bau des machtvollen Tempelbezirks im Hochtal von Bekaa zwischen Libanon und Antilibanon bemühten, ging die Zeit über seine Vollendung hinweg. Kriege, Erdbeben und menschliche Unvernunft trugen dazu bei, daß der Besucher heute nur noch einen bescheidenen Abglanz einstiger Herrlichkeit zu sehen bekommt. Aber was er sieht, mag ihm eine Vorstellung davon vermitteln, welche Bedeutung die dem Sonnengott geweihte Stätte einst gehabt haben muß.

Vom gewaltigen technischen Aufwand der Jahrhunderte zeugen heute nicht nur die Riesenquadern und -säulen (die höchsten der Welt) von Baalbek, sondern auch die verfallenen Steinbrüche an der Straße nach Zebedani, zehn Minuten von der Tempelstadt entfernt, aus denen sich die Bauleute ihr Material holten. »Hadschar El-Hubla«, Stein der Schwangeren, heißt der berühmte Felsblock, den es dort zu besichtigen gibt. Er muß für den Bau der unvollendet gebliebenen Umfassungsmauer bestimmt gewesen sein. Der Stein, noch nicht von der Felsunterlage gelöst, ist 21,5 m lang, 4,3 m hoch und 4,8 m breit, er wiegt rund 2000 Tonnen. Hadschar El-Hubla ist der größte Baustein der Welt.

Ursprünglich war das Tal von Bekaa dem Baal geweiht – daher auch die Bezeichnung Baalbek. Ein nicht unbedeutendes phönizisches Heiligtum muß es an der Stelle der heutigen Tempelruinen schon damals gegeben haben, denn als im

Stätte des Sonnengottes

BAALBEK

dritten Jahrhundert vor Christi Geburt die griechischen Lagidenkönige ihre Herrschaft über diesen Teil Syriens antraten, verglichen sie den Gott von Baalbek mit dem von ihnen in der ägyptischen Stadt Heliopolis verehrten Sonnengott. Und Heliopolis war auch der neue Name für Baalbek, verkündet unter der Regierung Alexanders des Großen.

Die Götter aus der phönizischen Zeit bekamen neue Namen. Den Wetter- und Regengott Hadad nannte man hinfort Zeus, die Natur- und Wassergöttin Atargatis wurde an die griechische Aphrodite angeglichen, und den ebenfalls zum Baalskult gehörenden Wachstums- und Fruchtbarkeitsgott – sein Name ist nicht überliefert – setzte man dem Hermes gleich.

In den Jahrhunderten bis Christi Geburt wechselte die Stadt mehrmals den Besitzer. Zur Zeit der Seleukiden dürfte die riesige Terrasse errichtet worden sein, auf der heute die Reste des Jupitertempels stehen. Dann kam eine von den Griechen beeinflußte arabische Dynastie an die Reihe, die mit Billigung Roms herrschte. Fünf Jahre lang regierte Kleopatra über diesen Teil Syriens. Schließlich wurde die Stadt offiziell dem Römischen Reich einverleibt. Augustus ließ sie zu einem Außenposten ausbauen.

Die römischen Legionäre brachten ihre eigenen Götter mit. Wiederum mußten die Namen angepaßt werden. Aus Zeus wurde Jupiter – man schmückte ihn, der kleinen Verschiedenheiten wegen, mit dem Beinamen »Heliopolitanus« –, aus

Der Bacchustempel von Baalbek *(unten)*, auch als Venustempel bezeichnet, wurde abseits des Jupiter-Bezirks erbaut und blieb weitgehend erhalten.

Aphrodite machte man Venus, und Hermes ließ sich in Merkur verwandeln. Später, als in Rom der Bacchuskult auf dem Höhepunkt stand, wurden auch in Baalbek Bacchusmysterien gefeiert. Man baute dem neuen Gott einen eigenen Tempel abseits des Jupiter-Bezirks.

Der Jupitertempel, einst das zentrale Bauwerk der Tempelanlage, erhob sich auf einer Grundfläche von 48 × 88 m, übertraf also das große Vorbild, den Parthenon der Akropolis zu Athen, um mehr als das Doppelte. Von den 54 Säulen des Jupitertempels stehen nur noch sechs. Einer gewaltigen Harfe vergleichbar, erheben sie sich 23 m hoch über das Trümmerfeld, von fünf Meter hohem Gebälk gekrönt. Abseits dieser Anlage steht der guterhaltene Bacchustempel, oft auch als Venustempel bezeichnet. Sein 13 m hohes Ostportal gehört zu den prachtvollsten Schöpfungen dieser Art auf der Welt.

Die geschlossene Anlage mit den beiden mächtigen Tempeln und dem von 240 Götterstatuen geschmückten großen Hof galt als Weltwunder. Aber obwohl mehrere römische Kaiser den Göttern zu Ehren weiter an den Tempeln, an der Treppe, den Umfassungsmauern und dem Vestibulum bauen ließen, wurde die Akropolis von Baalbek niemals fertig.

Die erste christliche Basilika dürfte unter Theodosius dem Großen (379–395) errichtet worden sein, der große Teile des Jupitertempels abreißen ließ. Im Jahre 643 ließ ein schweres Erdbeben Kirche und Tempel zusammenstürzen. Bald danach machten sich die Araber unter Abu Ubeida zu den Herren von Baalbek. Sie rissen ab, was sie als Material für ihren Umbau des Tempelbezirks brauchten. Aus der klar gegliederten, imposanten Römerburg wurde eine arabische Festung – nüchtern, wuchtig und für Jahrhunderte uneinnehmbar. Die Götterbilder versanken, die Säulen wurden zerlegt und zum großen Teil fortgeschleppt. Viele von ihnen schmückten byzantinische Basiliken und Moscheen.

In den folgenden Jahrhunderten ging es weiter bergab mit der Schönheit von Baalbek. Die Festung spielte eine Rolle in den mittelalterlichen Kriegen, litt unter den Kämpfen der Seldschuken gegen die ägyptischen Sultane, wurde von Emir Zengi erobert, erneut von Erdbeben verwüstet, von Saladin eingenommen und von den Kreuzrittern berannt. 1260 zerstörte Hulagu, was von den alten Monumenten stehengeblieben war, 1401 stießen die Mongolenscharen Timurs bis nach Heliopolis vor.

Die ersten Nachrichten über das »syrische Wunder« mögen um die Zeit der Kreuzzüge nach Europa gedrungen sein. Im 16. Jahrhundert mehrten sich die Stimmen, die eine Freilegung der Monumente forderten. Aber einstweilen geschah nichts. 1759 tobte ein neues Erdbeben und richtete starke Schäden an den erhalten gebliebenen Bauteilen an. Erst zu Beginn des 20. Jahrhunderts begann die Wiedererweckung Baalbeks. Kaiser Wilhelm II., der auf einer Palästinareise zu den Ruinen des alten Heliopolis geführt wurde, befahl die sachgemäße Freilegung. In den Jahren 1900 bis 1904 machten sich deutsche Archäologen an die Arbeit. Libanesische Fachleute setzten das Werk fort.

»Baalbek unter einem blauvioletten Himmel mit zarten Wolkenfedern, die Säulenharfe über den Pappeln der grünen Ebene, vor schneebedeckten Gipfeln, ist wie ein Bild aus einem Traum«, notierte der Schriftsteller Ernst von Khuon. »Baalbek im Mondlicht soll, so heißt es, die unwirkliche Schönheit im tiefen Raum der Jahrtausende auf eine fast schmerzhafte Weise bewußt machen.«

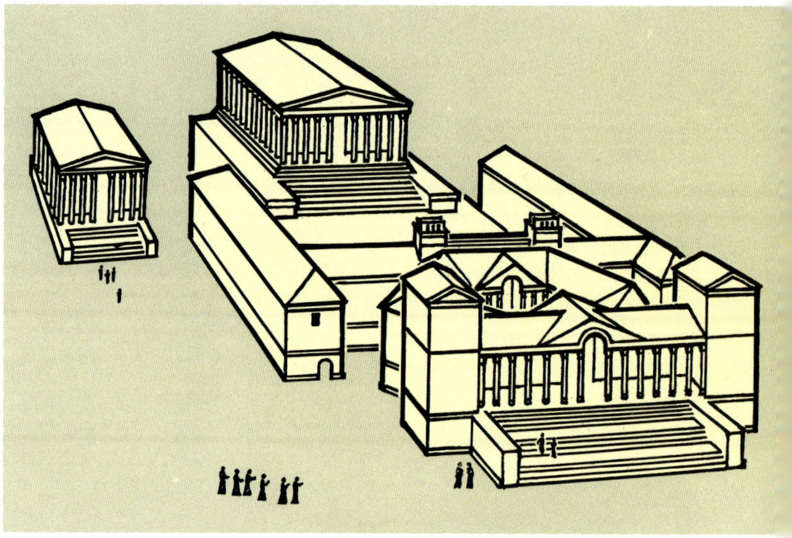

Von oben nach unten: Löwenkopf im kleinen Hof; Säulen aus der Froschperspektive; Rekonstruktion des Tempelbezirks; der Stein Hadschar El-Hubla (»Stein der Schwangeren«) im Steinbruch in der Nähe von Baalbek.
Rechte Seite: Baalbeks Wahrzeichen, die sechs Säulen des Jupitertempels.

Wunder von Damaskus

OMAIJADEN-MOSCHEE

Al-Dschami-al-Umawi, die Moschee der Omaijaden – der Name dieser ehrwürdigen Stätte in der Altstadt von Damaskus läßt noch heute das Herz jedes geschichtsbewußten Arabers höher schlagen. Erinnert er ihn doch an das erste und ruhmreichste arabische Kalifengeschlecht, die Omaijaden. Noch heute erzählen sich die Beduinen begeistert von den Heldentaten und Eroberungen, die unter dieser Dynastie begangen wurden. Die von ihr erbaute Moschee in der syrischen Hauptstadt ist eine wichtige Zeugin für dieses ruhmreichste Kapitel arabischer Geschichte. Sie war das Herzstück des untergegangenen islamischen Großreiches, das .sich einmal über den ganzen Orient, die afrikanischen Küsten des Mittelmeeres und Spanien erstreckte. Die Baugeschichte der Omaijadenmoschee beginnt mit dem Sieg des Islams über das Christentum. Damaskus, das die Damaszener gern als älteste Großstadt der Erde bezeichnen, hat eine bewegte Vergangenheit. Es war die Hauptstadt vieler Reiche. Unzählige Male wurde es erobert, zerstört und wiederaufgebaut.

In dieser Stadt wurde um etwa 50 n. Chr. aus einem Saulus ein Paulus und später aus einer heidnischen Anhängerschaft des Gottes Jupiter eine der ersten christlichen Gemeinden. Kaiser Theodosius ließ im 3. Jahrhundert n. Chr. den Jupitertempel im Stadtzentrum abreißen und an seiner Stelle eine Kirche erbauen, die Kaiser Justinian vergrößerte und verschönte. Diese Kirche wurde Johanneskirche genannt, weil man in ihr das Haupt Johannes des Täufers beisetzte.

635 n. Chr. belagerten die Heere der mohammedanischen Araber das christliche Damaskus. Den Reitern des arabischen Heerführers Khalid gelang es, von Osten her in die Stadt einzubrechen. Als die Damaszener das bemerkten, übergaben sie den Westteil ihrer Stadt Khalids Konkurrenten Abu Ubeida. Ihre Rechnung ging auf. Der Ostteil galt als erobert und wurde erbarmungslos geplündert. Der Westteil galt als übergeben und wurde geschont. Genau in der Mitte lag die Kirche des heiligen Johannes. Fortan benutzten Christen und Moslems sie gemeinsam als Gebetsstätte. So frei von religiösem Fanatismus war man damals noch, daß sie die Gläubigen beider Religionen sogar durch das gleiche Portal betraten. Erst siebzig Jahre später verhandelte Kalif Walid I. aus dem Geschlecht der Omaijaden mit den Christen um den Besitz der ganzen Kirche. Er wollte sie zu einer prächtigen Moschee ausbauen. Wie man sich einigte, darüber schweigen die Geschichtsbücher. Aber nach glaubwürdigen Quellen sind die Christen für die Johanneskirche nicht schlecht entschädigt worden.

Der Kalif war ein kunstverständiger Mann. Er dichtete, komponierte und musizierte. Unter seiner Regierung wurde Damaskus die große Handels- und religiöse Metropole der arabischen Welt, das Tor zur heiligen Stadt Mekka. Unter ihm eroberten die Araber 711 Spanien und 712 Samarkand in Innerasien.

Die neue Moschee sollte ein Denkmal für Walids Erfolge werden. Als erstes mußte sich die alte Kirche eine Umorientierung vom christlichen Osten zum Süden, in Richtung Mekka, gefallen lassen. Griechische Baumeister wurden beauftragt, den Umbau durchzuführen, ohne die alten Umfassungsmauern abzureißen. Über die Ausstattung berichten die alten Chroniken Wunderdinge. 1200 Künstler reisten aus Konstantinopel herbei. Aus den untergegangenen Römerstädten schaffte man die schönsten Säulen nach Damaskus, um sie beim Bau zu verwenden. Die kostbarsten Marmorarten waren gerade gut genug, Wände und Fußboden von Walids Moschee zu schmücken. Goldene Weinreben schlangen sich um die Rundbogen der edelsteinbesetzten Gebetsnischen. 600 goldene Lampen erleuchteten die Moschee. Allerdings nicht lange – ein Nachfolger Walids I. ließ sie abnehmen und »versilbern«.

Als man dem Kalifen die Rechnungen für den Prachtbau präsentierte, sie machten nicht weniger als 18 Maultierlasten aus, zuckte er nicht mit der Wimper, bezahlte und ließ sie lächelnd verbrennen.

Von all dieser Pracht und Herrlichkeit ist so gut wie nichts übriggeblieben. Dafür sorgten zahlreiche Brände und die Mongolenhorden des Timur Chan. Im Mittelalter überfielen und brandschatzten sie Damaskus und raubten die Omaijadenmoschee aus. 1893 besorgte ein Großfeuer den Rest.

Das kostbarste Inventar der Omaijadenmoschee sind heute dreitausend Teppiche, die den größten Teil des Marmorbodens bedecken. Unter ihnen gibt es herrliche, jahrhundertealte Stücke. Was man sonst sieht, ist zwar alt in der Anlage, aber nach dem großen Brand von 1893 neu wiederaufgebaut. Die Moschee selbst besteht aus einem langgestreckten, rechteckigen Mittelbau, an den sich zwei kleinere, rechteckige Flügel anschließen. Der Haupt- und Gebetsraum ist 136 m lang und 27 m breit. Zwei Reihen hoher korinthischer Säulen ziehen sich über seine ganze Länge hin.

In der Mitte steht eine kleine Kapelle mit einem Kuppeldach. Goldene Gitter spannen sich zwischen ihren schlanken Marmorsäulen. In ihr ruht, in einem mit verschlissenem Brokat bedeckten Marmorsarg, das Haupt Johannes' des Täufers, den auch die Mohammedaner verehren. Eines der drei Minarette der Omaijadenmoschee heißt »Madinet Isa«, das Minarett Jesu. Nach mohammedanischem Glauben wird nämlich Jesus, vom Islam als Prophet verehrt, am Tage des Jüngsten Gerichts auf der Spitze des Minaretts erscheinen.

Das Äußere von Walids I. prächtiger Moschee veränderte sich. Das Zeremoniell des Gottesdienstes aber ist noch immer das gleiche wie zu Zeiten des kunstsinnigen Kalifen. In dichten Reihen stehen die Männer mit gesenkten Köpfen und lauschen dem Ruf des Imams zum Gebet. Seit Jahrtausenden ertönt der Name Allahs zwischen den herrlichen Säulenreihen der Omaijadenmoschee. Nur einen einzigen Tribut zollte man der modernen Technik: große Lautsprecher kommen den Muezzins auf den Minaretten und dem Imam zu Hilfe.

Außenansicht der Omaijadenmoschee *(oben)* mit dem großen Hof. *Linke Seite:* Säulengang an der Außenfront der Moschee *(links)*; Grab Johannes' des Täufers *(oben rechts)*; Schatzkammer *(unten rechts)*. *Vorhergehende Doppelseite:* Innenraum mit teppichbelegtem Boden.

Heilige Stadt dreier Religionen

JERUSALEM

Der fromme Beiname »Friedensfürstin« für diese Stadt mutet an wie bitterer Hohn. Für Jerusalem, die Stadt, in der sich die Passion, der Tod und die Auferstehung Jesu Christi abspielten, hat es seit zweitausend Jahren keinen Frieden mehr gegeben. An keiner heiligen Stätte der Erde sind solche Ströme von Blut geflossen wie hier. Nirgendwo ist so heiß gekämpft, so tief gehaßt worden wie in der kleinen Stadt in den kahlen, grauen Felshalden des Juda-Gebirges. Drei Weltreligionen – der Islam, das Judentum, das Christentum – machten es zum Zankapfel ihres Glaubens.

Nirgendwo sind aber auch so viele Gebete gesprochen worden wie in Jerusalem. Denn – so versucht der Schriftsteller Peter Bamm in seinem Buch »Frühe Stätten der Christenheit« zu erklären: »Das Motiv der Streitigkeiten um Jerusalem war immer die Übertreibung einer Tugend, der Tugend der Frömmigkeit.« Seit den Tagen Jesu wurde die Stadt elfmal erobert und fünfmal vollständig zerstört. Doch noch immer hüten ihre Ruinen die Erinnerung an die Vergangenheit, obwohl das biblische Jerusalem nach Meinung der Archäologen unter einer 20 m hohen Schuttschicht ruht. Deshalb ist es auch problematisch, als Reisender von heute das Jerusalem von vor zweitausend Jahren wiederfinden zu wollen.

Im Jahre 70 n. Chr. trat ein, was Jesus prophezeit hatte: »Jerusalem wird zertreten werden von den Heiden, bis daß der Heiden Zeit erfüllet wird.« Die Legionen des Titus ließen die Stadt in Flammen aufgehen. Damals wurde ihre Umgebung in einem Umkreis von 18 Kilometern abgeholzt und damit in die Kreidewüste verwandelt, die sie noch heute ist. Die dreifache Stadtmauer wurde niedergerissen, der Tempel der Juden zerstört und geschändet. Seine spärlichen Reste vernichteten die Römer später völlig, als die Juden versuchten, unter Ben Kochba – sein Name ist uns aus den »Schriftrollen vom Toten Meer« überliefert – das römische Joch abzustreifen. Hadrian gründete auf den Trümmern eine neue Stadt, Aelia Catolina. Zweihundert Jahre später kam aus Byzanz die fromme Kaiserin Helena angereist, um nach den heiligen Stätten zu suchen. Sie suchte und fand das Heilige Grab.

Von nun an wurde Jerusalem ein Spielball der Geschichte. Im Jahre 614 zerstörten es die Perser, 637 eroberte es der Kalif Omar, 1072 die Seldschuken, 1099 christliche Kreuzfahrer. 1187 nahm Sultan Saladin den fränkischen Rittern die Stadt wieder ab, 1617 stürmten osmanische Türken die Stadtmauern. 1917 zog die englische Armee in Jerusalem ein. Und seit 1948 streiten sich Jordanien und Israel erbittert um den Besitz der »Heiligen Stadt«. Unter dem Druck der Vereinten Nationen wurde ein Waffenstillstand geschlossen. Beide Gegner behielten den gerade von ihnen besetzten Stadtteil. Eine ebenso zufällige wie absurde Grenze entstand. Ein verwilderter Streifen Niemandsland mit Panzerhöckern und Stacheldrahtverhauen zerschnitt, was jahrtausendelang eine Einheit gewesen war. Ein einziger Zugang verband die beiden Jerusalem: das Mandelbaumtor.

Die Jordanier untersagten es den Juden, vor dem größten Heiligtum des jüdischen Volkes, der Klagemauer, zu beten.

Blick von der Dominus-flevit-Kirche auf die Stadt mit der goldenen Kuppel des Felsendoms, des Denkmals für die Himmelfahrt Mohammeds.

Diese Mauer ist der letzte Überrest des von den Römern zerstörten Tempels. Sie besteht aus riesigen, bis zu 1,80 m hohen und 11 m langen Steinquadern. Elf Steinschichten sind durch Aufschüttungen verdeckt, vierzehn noch sichtbar. Seit Israels »Blitzkrieg« auf der Sinaihalbinsel im Juni 1967 und der Eroberung der Altstadt Jerusalems können fromme Juden wieder vor der Klagemauer ihre Gebete verrichten. An Freitagen und Feiertagen küssen graubärtige Männer die Steine, weinen und beklagen die Zerstörung des Tempels. Werden sie auch in Zukunft weiter vor der Klagemauer knien können? Noch kennt niemand die Antwort. Die Tragödie der »Heiligen Stadt« ist noch nicht zu Ende.

Die christlichen Gedenkstätten Jerusalems haben die gleichen Heimsuchungen erdulden müssen wie die jüdischen. Für die Christen gelten der Kalvarienberg und das Heilige Grab, die eigentlich ein einziger Ort sind, als der Pol, um den sich alles in Jerusalem dreht. Man geht durch ein Labyrinth gewundener Gäßchen und steht plötzlich vor der romanischen Kirchenfassade der Basilika zum Heiligen Grab. Sie macht einen baufälligen und düsteren Eindruck. Alle Baustile der letzten tausend Jahre sind in ihr vertreten. Am Eingang begegnet einem zur großen Überraschung der Islam: die Pforte der Basilika wird aufgrund eines uralten Privilegs von einer mohammedanischen Familie geöffnet.

In der Mitte der riesigen Anlage liegt in einem Kranz von Kapellen, die alle Bezug auf die Heilsgeschichte haben, die Grabeskirche. Eine der Kapellen ist über dem Felsen von Golgatha errichtet. Eine silbergefaßte Vertiefung deutet an, wo einst das Kreuz errichtet worden sein soll. Unter der Kirchenkuppel steht eine kleine Marmorkapelle mit einem Vorraum, der sogenannten Engelskapelle. In ihr wird der Stein aufbewahrt, den die Engel vom Grab Jesu wälzten. Dahinter liegt das Heilige Grab. Es ist ein winziger Raum, in dem höchstens vier Personen Platz haben. Weihrauchschwaden

erfüllen die Luft. 43 kostbare Ampeln – sie gehören den einzelnen christlichen Konfessionen – erleuchten ihn. Die Wände sind mit Marmor ausgekleidet. In Gebete versunken knien die Pilger vor dem Stein, auf dem der Leib des Erlösers im Grabe gelegen haben soll.
Fünf Konfessionen, die griechisch-orthodoxe, römisch-katholische, syrische, koptische und die Jakobiten, eine kleine syrische Kirchengemeinde, haben sich die Herrschaft über die Grabeskirche geteilt. Eifersüchtig wachen sie über Kapellen, Lampen und Spenden. Am Grabe selbst lösen sie sich nach einem auf die Minute festgelegten Plan ab und passen scharf auf, daß niemand seinen Obolus in den Teller der falschen Religion wirft.
Es erforderte wissenschaftliche Detektivarbeit, um im mehrmals völlig zerstörten Jerusalem die heiligen Stätten genau zu bestimmen. Auch bei der Grabeskirche ist man sich nicht einig, ob sie tatsächlich über dem Hügel Golgatha und dem Grab des Josef von Arimathia erbaut wurde. Allzuschwer lastet der Schutt der Zeit auf dem, was einst geschah.
Von der Via Dolorosa, der Straße, über die Jesus sein Kreuz tragen mußte, ist bekannt, daß sie im Lauf der Zeit mehrfach ihren Ort wechselte. Die heute so benannte Straße, ein schmales Gäßchen, will nur eine Stätte frommer Erinnerung sein. Tafeln weisen auf die vierzehn Stationen des Martyriums hin. Die erste liegt beim Kloster der französischen Zionsschwestern, die vierzehnte und letzte ist die Grabkapelle in der Kirche zum Heiligen Grab.
Es fällt schwer, unter dem heutigen Jerusalem die Stadt Jesu Christi zu entdecken. Der Trubel, die Geschäftemacherei an den heiligen Stätten nehmen nicht selten abstoßende Formen

Obere Reihe v. l.: Geburtskirche Christi in Bethlehem; Via Dolorosa in Jerusalem; Blick auf die Grabeskirche; Stabat-Mater-Altar der Grabeskirche. *Untere Reihe v. l.:* Baum im Garten Gethsemane; Säulen an der Grabeskirche; die »Stelle, wo Pilatus Jesum geißelte«; Pflaster vor der Grabeskirche.

an. Nur im Garten Gethsemane am Fuß des Ölbergs ist es so still wie vor zweitausend Jahren, als Jesus hier mit seinen Jüngern saß. Heute gehört der Garten den Franziskanern. Dieser Orden wurde vom Papst mit der Wache an den heiligen Stätten beauftragt.
Vom Garten Gethsemane hat man einen weiten Blick über die Stadt mit ihren vielfach gewundenen Stadtmauern. Durch das »Goldene Tor« in der Stadtmauer zog Jesus am Palmsonntag unter den Hosiannah-Rufen des Volkes auf einer Eselin in Jerusalem ein. Bis ins 8. Jahrhundert ritt der griechische Patriarch von Jerusalem alljährlich ebenfalls durch das »Goldene Tor« in die Stadt ein. Dann mauerten die Araber es zu. Sie fürchteten eine alte Prophezeiung, nach der durch dieses Tor einmal ein christlicher Eroberer in Jerusalem einreiten soll.
Doch nicht nur Christen und Juden ist Jerusalem heilig. Die Mohammedaner verehren es nach Mekka und Medina als drittheiligste Stadt des Islams. Denn Mohammed soll in Jerusalem auf der geflügelten Märchenstute Burak ins Paradies aufgefahren sein. Das ging auf einer ehrwürdigen Stätte vor sich, die auch den Juden heilig war – dem Haram-asch-Scharif auf dem Hügel Moria. Schon König David errichtete auf dem verwitterten Fels einen Opferaltar. Salomo baute an der gleichen Stelle um 960 v. Chr. den ersten jüdischen Tempel. Ausgerechnet an dieser Stelle setzten die Araber, unter den Protesten der Juden, Mohammeds Himmelfahrt ein gewaltiges

Denkmal: den Felsendom, das Wahrzeichen Jerusalems. Der Felsendom diente niemals als Moschee, wie es in vielen Reiseführern zu lesen ist. Auch die häufig gebrauchte Bezeichnung »Omarmoschee« ist falsch. Mit seiner vergoldeten Kuppel war er immer als Schrein für den heiligen Fels gedacht, niemals wurden Gottesdienste in ihm abgehalten. Dafür wurde an der Südostecke eine anmutige Moschee errichtet, die Al-Aqsa-Moschee.

Acht Freitreppen, die in Arkaden enden, führen von allen Seiten zur Höhe des Felsendoms. »Mawazin«, die Waagen, nennen die Araber diese Arkaden. Am Tage des Jüngsten Gerichts, so sagt eine islamische Legende, wird ein Roßhaar von den »Waagen« zum Ölberg gespannt werden. Alle Auferstandenen müssen darüber balancieren. Wer Unrechtes tat, stürzt hinunter in die ewige Verdammnis.

Im Felsendom zeigt der Fremdenführer Erinnerungen an Mohammeds hoch zu Roß erfolgte Himmelfahrt: der Erzengel Gabriel hat einen Fingerabdruck im Stein hinterlassen, das Flügelroß selbst, als es zum Sprung ansetzte, einen Hufabdruck. Eine Vertiefung unter dem Felsen erinnert an den Turban des Propheten. Um ein Haar hätte er sich beim Aufstehen vom Gebet den Kopf gestoßen – wenn der Stein nicht plötzlich weich geworden wäre.

Obere Reihe v. l.: Juden an der Klagemauer; Rekonstruktion des herodianischen Tempels; alte Darstellung von Jerusalem; der Ölberg nahe der Stadt. *Unten:* Blick auf die Altstadt von Jerusalem; links im Bild der Felsendom.

Ein Selbstmörder, der den Tod des Ertrinkens wählt«, schrieb M. Y. Ben-gavriêl, »könnte im Toten Meer sein Vorhaben nicht ausführen, denn das Wasser, das zu 25 % aus Chlormagnesium, Chlorkalzium und Chlornatrium besteht, würde seinen Körper nicht sinken lassen. Salz löst sich in diesem Wasser, in dem sich kein Fisch tummelt und kein Schalentier leben kann, nicht mehr auf.«

Nach den Berichten der Bibel versanken einst unter schreckenerregendem Feuer- und Schwefelregen die Städte Sodom und Gomorrha in den Fluten des »Salzmeers«. Die Engel unterrichteten nur zwei Einwohner von Sodom von dem bevorstehenden Unheil, nämlich den Lot, Sohn des Haran und Neffen Abrahams, und dessen Frau. Beide durften rechtzeitig fliehen – allerdings nur unter der Voraussetzung, daß keiner von ihnen sich auf der Flucht umblickte. Lots Weib konnte der Versuchung nicht widerstehen und wurde in eine Salzsäule verwandelt. Die Araber kennen diese Geschichte aus dem Koran, bei ihnen heißt das Tote Meer »Bahr Lut«, Lot-See.

In der Tat handelt es sich beim Toten Meer nicht um ein Meer, sondern um einen See. Seine 980 qkm große Wasserfläche liegt 392 m unter dem Meeresspiegel, stellt also die tiefste Depression der Erde dar. Einziger Zufluß von Bedeutung ist der Jordan, dessen Mündungsbecken das Tote Meer darstellt. Mit dem offenen Meer stand es nie in Verbindung. Wahrscheinlich bildete sich die am Seeboden 793 m tiefe Senke zwischen Tertiär und Quartär und füllte sich während der Eiszeit mit Wasser.

Heute ist das Tote Meer, an dessen Ufer moderne Hotels entstanden, eine internationale Fremdenattraktion, zugleich aber auch eine Rohstoffquelle ersten Ranges. Fabriken werten den hohen Salzgehalt des Wassers aus. Und überdies gewann die historische Stätte im Ansehen der Welt neuen Glanz, seit man am Nordwestufer, in den Ruinen von Qumran, die berühmten Schriftrollen vom Toten Meer fand, Texte aus dem Alten Testament und Schriften der Essener-Gemeinde von Qumran.

Hoch über dem Toten Meer (im Vordergrund Pottasche-Becken) erhebt sich der »Felsen der Frau Lot« *(rechte Seite). Von oben nach unten:* Ort der Taufe Christi im Jordan; vom Salz erstickter Strauch; Bad vor dem »Casino Dead Sea«; Schild mit der Höhenangabe.

See am tiefsten Punkt der Erde

TOTES MEER

Grabmal einer großen Liebe
TADSCH MAHAL

»Was ich denke, kann ich nicht sagen«, soll eine vornehme englische Dame angesichts des Marmordoms des Tadsch Mahal geseufzt haben, »aber ich fühle, daß ich morgen sterben möchte, wenn ein solches Denkmal meine Gebeine bedeckte.«
Bauherr dieses marmornen Monstergrabmals war Schah Dschahan, fünfter Herrscher aus der Mogul-Dynastie, der von 1628 bis 1658 regierte. Seine Thronbesteigung ging nicht ohne Hindernisse vor sich. Bevor er sich durchsetzen konnte, mußte er zunächst seine ganze Verwandtschaft aus dem Weg räumen und seine Mutter in die Verbannung schicken. Um so größere Liebe brachte er seiner Frau Arjumand Banu Begam entgegen, die er mit dem Ehrennamen Mumtaz-i-Mahal, Edelstein des Palastes, bedachte. Schah Dschahan ließ seiner Lieblingsfrau in der Nähe von Agra, am Ufer der Dschamna, ein wahres Gartenparadies errichten. Mit Marmorplatten bedeckte Wege durchzogen die mit seltenen Pflanzen und Bäumen ausgestattete Oase. »Nichts sollte die nackten Füßchen der zarten Prinzessin verletzen, wenn sie hier lustwandelte«, heißt es in einem alten Reisebericht.
Der Großmogul hatte Sinn für das Prächtige. Er ließ nicht nur in Agra prunkvolle Bauten erstehen, sondern stattete auch seine Residenz Delhi mit hinreißend schönen Moscheen und Palästen aus. Eine Inschrift im Audienzsaal seiner großen Kaiserburg in Delhi, in der einst der sagenhafte Pfauenthron gestanden haben soll, verkündet stolz in persischer Sprache: »Gibt es auf Erden ein Paradies, dann ist es dies, dann ist es dies, dann ist es dies!«
Obwohl der Mogulkaiser sich durch zahlreiche Kunstwerke bleibende Denkmäler schuf, lebt er in der Erinnerung der Nachwelt nicht als Umgestalter von Delhi, das nach ihm Dschahanabad heißen sollte, sondern

als Erbauer des Tadsch Mahal. In diesem Bauwerk ruhen auch die sterblichen Überreste des Herrschers, der sich große Teile Indiens unterwarf. Seine Regierungszeit endete unter ähnlich unerfreulichen Vorzeichen, wie sie begonnen hatte. Schah Dschahan wurde von seinem Sohn Aurangzeb abgesetzt und in den Palast gesperrt, »wo er bis zu seinem Tode ein ausschweifendes Wohlleben führte«. Nach dem Tode Aurangzebs begann das Reich zu verfallen.
Schah Dschahans Lieblingsfrau Mumtaz-i-Mahal – sie übte nach den Worten des Indienkenners Helmuth von Glasenapp »durch ihre Schönheit und Güte einen großen Einfluß auf den Kaiser aus« – schenkte dem Beherrscher Indiens sieben Kinder. Nach der Geburt des achten Kindes starb sie 1629 in Südindien am Kindbettfieber. Der Mogul ließ den Leichnam nach Agra heimholen und bestattete ihn in der Gartenanlage am Dschamnafluß. Über ihrer Gruft ließ der Kaiser ein Grabmal errichten, wie es die Welt noch nicht gesehen hatte. »Der überwältigende Eindruck, den der Tadsch Mahal auf den Beschauer übt, beruht wesentlich auf der Wirkung der Kontraste. Der glitzernde Wasserstreifen mit seinen Lotosblumen, der sich von der Eingangspforte durch den Garten bis zum Tadsch Mahal hinzieht, der stolze Bau aus schneeweißem Marmor, die üppiggrünenden Parkanlagen, die ihn umgeben, und darüber das dunkle Blau des indischen Himmels, das alles vereinigt sich zu einem Bild, das für einen Augenblick in der Seele des Beschauers alle Sorgen und Nöte des Erdendaseins

verschwinden macht und in dieser übermächtigen Wirkung auf der Welt nicht leicht seinesgleichen findet« (Paul Deussen). Kunsthistoriker nennen den »Traum in Marmor« mit Vorliebe eine »Apotheose indischer Weiblichkeit«. Schah Dschahan holte sich die berühmtesten Baumeister und Handwerker und beriet mit ihnen die Ausführung des Bauwerks. Der Experte für die Kuppelkonstruktion des Grabdomes stammte vermutlich aus Istanbul, die Maurer kamen aus Delhi und Kandahar, die Spezialisten für die Kuppelspitze reisten aus Lahore und Samarkand an, die Kalligraphen für die eingelegten Inschriften aus Schiras und Bagdad, die Blumenschnitzer aus Buchara, der Gartenarchitekt aus Kaschmir. 20000 Arbeiter sollen 17 Jahre lang mit dem Bau des berühmtesten Grabmals der Welt beschäftigt gewesen sein. Die Baukosten schätzt man auf etwa 50 Millionen Mark.

»Der Gesamteindruck übertrifft alle Vorstellung«, urteilte Karl Baedeker. »Einfachheit des Entwurfs und Pracht der Ausführung vereinigen sich zu einem Wunderwerk der Kunst, das mit den Tempeln der Griechen, den berühmtesten Domen des Mittelalters und der Renaissance an erhabener Schönheit wetteifert.«

Oben: Innenraum des Tadsch Mahal mit den Marmor-Kenotaphen von Schah Dschahan und seiner Lieblingsfrau Mumtaz-i-Mahal *(vorn)*. *Linke Seite:* Eingangsbau zum Tadsch Mahal *(oben links)*; Teil der Fassade des Torgebäudes *(oben rechts)*; eins der in Marmorfiligran-Arbeit hergestellten Fenster *(unten links)*; Blumenrelief in Marmor *(unten rechts)*.

Stadt der 400 Heiligtümer

TEMPEL VON BANGKOK

Die 17000 buddhistischen Heiligtümer im Lande Sirikits übertreffen alles, was Orient und Ferner Osten an Tempeln zu bieten haben. Bunt, fröhlich und prunkvoll sind Thailands Tempel. Die 400 schönsten liegen in seiner Hauptstadt Bangkok am Menam-Fluß. Ein Vorfahre des jetzigen Königs Bhumibol, Rama I., erbaute um 1785 Königspalast und Tempelstadt. Der Tempelbezirk nahm damals ein Fünftel der Fläche der neuen Hauptstadt Bangkok ein. Er ist auch der Kern der heutigen Zwei-Millionen-Stadt. Die phantastische Welt buddhistischer Mythen lebt in den Namen der Tempel von Bangkok. Wat Po ist einer der prächtigsten von ihnen. Seinen Namen »Tempel des heiligen Feigenbaums« verdankt er einem in seinen Mauern grünenden Feigenbaum. Buddha soll einst unter ihm erleuchtet worden sein. Wat Po ist eigentlich eine ganze Tempelstadt für sich, ein Labyrinth von Hallen, Kapellen, Türmen, Terrassen und Mönchsklausen, in dem man sich ohne Führer hoffnungslos verläuft. Im Wat Po gibt es nicht nur eine Galerie von 394 Buddhastatuen, sondern auch die vergoldete, 49 m lange Kolossalstatue des »Ruhenden Buddhas«.

Alle Tempel von Bangkok werden von Wächterfiguren mit grimmigen Dämonenfratzen bewacht. Das gilt auch für Wat Phra Keo, den »Tempel des smaragdenen Buddhas«, vor dem alle anderen Heiligtümer Bangkoks verblassen. In ihm lächelt hinter kostbaren Ebenholztüren eine 60 cm hohe Jadestatue Buddhas, deren Kopf aus einem riesigen Smaragd besteht. Diese Figur ist Thailands Nationalheiligtum. Dreimal im Jahr zieht König Bhumibol in den Tempel ein, um nach uraltem Zeremoniell die juwelenstrotzenden Gewänder der Figur zu wechseln. Das Winterkleid Buddhas hüllt beide Schultern der Statue ein, das Sommerkleid läßt sie frei. Bei Anbruch der fruchtbaren Regenzeit wird der smaragdene Buddha dagegen in ein Gewand gekleidet, das nur eine Schulter entblößt läßt. Es ist aus reinem Gold gewirkt.

Tempel von Bangkok: Wat Arun *(oben)*, Wat Benchamabopitr *(Mitte links)* und Wat Phra Keo *(Mitte rechts)*. *Unten links:* Kopf des »Ruhenden Buddhas« im Wat Po. *Unten rechts:* Wächterstatuen in der Gestalt des italienischen Weltreisenden Marco Polo. *Linke Seite:* Goldstatuen im Wat Phra Keo. *Vorhergehende Doppelseite:* Wat Phra Keo.

Im schönsten Bauwerk des Buddhismus wird auch seine kostbarste Reliquie aufbewahrt. Unter der Riesenkuppel der Schwedagon-Pagode in Rangun liegen im juwelenfunkelnden Schrein acht Haare Buddhas. Wer zum erstenmal vor dieser goldenen »Kathedrale des Buddhismus« steht, begreift, warum den ersten Asienreisenden die sieben Weltwunder der Alten Welt, verglichen mit ihr, bescheiden vorkamen. Wie ein leuchtender Goldberg wächst die 170 m hohe Hauptpagode (sie ist 14 m höher als der Kölner Dom) aus der birmanischen Hauptstadt empor.

Bei der Schwedagon-Pagode ist tatsächlich alles Gold, was glänzt. Dafür sorgte König Mindon Min, ein besonders freigebiger Herrscher des hinterindischen Königreiches. 1871 ließ er die Hauptkuppel des größten Heiligtums seines Reisbauernreiches mit echten Goldplatten decken. Das kostete ihn nicht weniger als anderthalb Millionen Goldmark. Die Pagodenspitze ist mit Tausenden echter Edelsteine besetzt, Rubinen, Smaragden, Diamanten. Ganz oben, unter dem zierlichen Spitztürmchen in Form eines Sonnenschirmes, schaukeln hundert goldene und vierzehnhundert silberne große und kleine Glocken leise im Wind. Europäer können diesen unerhörten Reichtum nur anstaunen. Dabei ist er keineswegs Protzerei eines wohlhabenden Volkes, sondern Ausdruck einer besonderen Geisteshaltung des Buddhismus: Die materiellen Schätze dieser Welt ordnen sich den geistigen unter. Doch die Pracht der Schwedagon-Pagode ist keine Ausnahme. Alle Pagoden Birmas wurden von ebenso reichen wie frommen Männern gestiftet. Auch heute noch ist es üblich, daß reiche Birmanen an ihrem Lebensende eine Pagode erbauen. Fast alle dieser Tempel haben juwelengeschmückte Spitzen, in denen sich die Sonnenstrahlen brechen, und goldene Außenwände. Als besonderes Verdienst des Stifters gilt es, die Pagode auf einem künstlich aufgeschütteten Hügel zu errichten. Für die Schwedagon-Pagode wurde eine 55 m hohe Erdterrasse aufgeschüttet. Dadurch bedeckt die gesamte Tempelanlage eine Fläche von 65 000 qm. Das entspricht etwa der Größe des Kölner Domplatzes.

Am Fuße der treppenförmig angelegten Terrasse streifen die Pilger ehrfurchtsvoll ihre Schuhe ab. Bar-

Buddhas schönster Tempel

SCHWEDAGON-PAGODE

fuß betreten sie die vier überdeckten Basarstraßen, die zum Heiligtum hinaufführen. Hier ist noch nicht viel von Feierlichkeit zu spüren. Überall herrscht buntes Marktgewimmel. Händler verkaufen Opfergaben, Lotosblüten, Schälchen mit Reis und kleine Bündel Blattgold. Das Blattgold findet reißenden Absatz. Viele Familien sparen jahrelang darauf. Mit freudestrahlenden Gesichtern kleben sie es vorsichtig an die Wände der Hauptpagode oder an die Dutzende von Pagoden und Tempelchen, die von Stiftern im Lauf der Zeit um den Hauptkegel herum erbaut wurden. Der Goldglanz von Schwedagon wird nie verblassen!

Birmas Tempel sind zwiebel- oder glockenförmige Kuppelbauten, nichts an ihnen erinnert an die Stufendächer siamesischer Tempel. Die Schwedagon-Pagode ist das klassische Beispiel für birmanischen Tempelbau. Solche Kuppelbauten nennt man »Stupas«. Unter ihrem Goldmantel sind sie so fest aus Backsteinen gefügt, daß es nirgendwo auch nur die kleinste Lücke gibt. Die Sage erzählt, ein König habe einen Maurermeister hinrichten lassen, weil er ein stecknadelgroßes Loch zwischen den Ziegelsteinen seiner Pagode entdeckte. Die Birmanen glauben, zwischen Pagode und Körper des Erbauers bestehe eine magische Beziehung. Jeder Fehler beim Bau ziehe eine Krankheit beim Bauherrn nach sich.

In der Kuppelform der Stupas lebt noch ein Stück birmanischer Geschichte. Ursprünglich kam dieses Volk aus dem Grenzland zwischen China und Tibet. Im 9. Jahrhundert nach Christus wanderte es in sein heutiges Gebiet ein. Damals waren die Birmanen noch keine Buddhisten, sondern verehrten die »Nats«, ein koboldartiges Völkchen von Baum- und Flußgeistern. Die Statuen der beiden mächtigsten Nats wurden auf dem Berg Popa aufbewahrt, einem blumenumrankten Vulkankegel. Das Volk nannte ihn den »Goldenen Berg« oder den »Blumenberg«. In Birmas goldenen Stupas lebt die Erinnerung an ihn weiter.

Auch von ihren Nats mochten sich die Birmanen nicht trennen. Die Schwedagon-Pagode wird an allen Ecken und Enden von anmutigen Statuen dieser Geister und Feen

Viele kleinere »Nebenpagoden« umgeben die 170 m hohe goldene Schwedagon-Pagode in der birmanischen Hauptstadt.

bewacht. Man glaubt, daß sie noch immer in der Luft schweben und die Geschicke der Menschen regeln. Um ihre Aufmerksamkeit zu erregen, schlagen die Gläubigen auf der Tempelterrasse gegen Glocken, die dort zu Hunderten aufgehängt sind. Im Nordosten der Terrasse hängt in einer vergoldeten Pagode eine der größten Glocken der Welt, fünfundzwanzig Tonnen schwer. Zwischen den fröhlichen Nats sitzen Hunderte ernst blickender Buddhas aus Alabaster, Ton und Marmor. Sieben von ihnen sind nach den sieben Planeten benannt. Männer, Frauen und Kinder legen vor dem Buddha, in dessen Himmelszeichen sie geboren wurden, andächtig Opfergaben nieder. In Gebete versunken knien sie vor den Statuen, die Frauen immer ein Stück hinter den Männern.

»Eine orientalische Akropolis« nannte ein Reiseschriftsteller den riesigen Tempelplatz der Schwedagon-Pagode. Er ist ein Mittelpunkt der buddhistischen Geisteswelt. Hier oben herrscht die gelassene Ruhe der Meditation. In Gespräche über die Lehren Buddhas vertieft, wandern safrangelb gekleidete Mönche zwischen den Tempeln auf und ab.
Gelegentlich tönt ein Glockenschlag über die goldenen Dächer. Doch sonst durchdringt nur das Murmeln der Mönche, die begierig lauschenden jungen Männern philosophische Lebensregeln verkünden, die Stille der goldenen Pagode.

Reich gegliederte Sakralbauten nahe der Schwedagon-Pagode *(oben)*. *Rechte Seite:* Tempel und Tempeleingänge in Rangun *(oben)*; Fuß der Schwedagon-Pagode *(unten links)*: 20 m hoher Tempelwächter.

Märchenstadt im Dschungel

ANGKOR

Mit einem sensationellen Bericht überraschte der französische Forscher Henri Mouhout im Jahre 1858 die Welt. Er habe, so schrieb er, mitten im Dschungel von Kambodscha einen Tempelbau entdeckt, der großartiger sei als alles, was Griechenland und Rom hinterlassen hätten. Dieser Tempel, Angkor Wat genannt, könne es sogar mit dem Tempel Salomons aufnehmen und müsse von einem Michelangelo der alten Zeit erbaut worden sein.

Man fand bald heraus, daß Angkor Wat kein Einzelfall war, sondern Teil eines riesigen Komplexes von Tempel- und Palastbauten, errichtet in den Jahren 800 bis 1200 n. Chr. auf einer Fläche von fast 80 qkm. Noch später gelangte man zu der Erkenntnis, daß es einst im Dschungel von Kambodscha Tausende von Tempeln gegeben haben mußte, »einen ganzen Urwald gemeißelter Steine«, errichtet vom Volk der Khmer.

Aus den Inschriften von Angkor lernte man eine ganze Menge über die Khmer. Zur Zeit ihrer höchsten Machtentfaltung bewohnten sie nicht nur das heutige Kambodscha, sondern auch Teile von Thailand und Laos, Birma und Vietnam. Ihre Lebensbasis war der Reisanbau. Um mehrere Ernten im Jahr zu erzielen, legten sie riesige Wasserreservoire an – allein in Angkor fand man zwei dieser »Barays« genannten Becken mit fast 100 Millionen Hektoliter Inhalt. Ihr Herrscher hatte den Status eines Gottkönigs; die meisten Tempel waren demgemäß nicht Gotteshäuser im Sinn unserer Kirchen, sondern dem Volk unzugängliche Kultpaläste des Herrschers. Im Tempelturm von Angkor Wat vermählte sich der König Nacht für Nacht auf mystische Weise mit dem Geist einer neunköpfigen Schlange, der ihm in Gestalt einer Frau erschien.

Zuerst entstand um das Jahr 1050 der Tempelberg des Baphuon, ein pyramidenähnlicher Bau. Das noch vergleichsweise bescheidene Bauwerk wurde später in die Anlage von Angkor Thom einbezogen. Unter Suryavarman II. (1113–1146) baute man den prunkvollen Tempelbezirk von Angkor Wat. Dieses religiöse Zentrum der hinduistischen Khmer war dem Wischnu geweiht. In der Form eines »Tempelgebirges« ange-

Dutzende von riesigen Steinköpfen zieren die Tempelruinen der Khmer von Angkor Thom.

legt, symbolisierte es den Mittelpunkt des Universums. Die rechteckige Umfassungsmauer, 1000 m lang und 800 m breit, wird von fünf Türmen gekrönt. Ein fast unübersehbares Gewirr von Gängen und Terrassen, bedeckt mit zahllosen Skulpturen, diente dem Gottkönig und den Hindugöttern zur Wohnung. Das Volk durfte nur die unterste, mit bildlichen Darstellungen aus den heiligen Überlieferungen geschmückte Galerie betreten.

Wenige Jahrzehnte nach Angkor Wat entstand in unmittelbarer Nähe während der Regierungszeit des Königs Jayavarman VII. (1181–1220) die Stadt Angkor Thom mit dem Tempelbezirk des Bayon. Jayavarman war im Gegensatz zu seinen Vorgängern Buddhist, der »Reichstempel« Bayon wurde also Buddha geweiht und dokumentierte zugleich die Macht des Königs. 52 viereckige

Türme entstanden, geschmückt mit bis zu $2^1/_2$ Meter hohen steinernen Köpfen, die in die vier Himmelsrichtungen blicken. Über 200 solcher Steingesichter wurden gezählt. Ihr Ausdruck entspricht demjenigen zukünftiger Buddhas (Boddhisattvas), und man vermutet, daß das Antlitz des Königs dabei als Modell verwendet wurde.

Angkor ist der umfangreichste Tempelbezirk Asiens. Neben den Anlagen von Angkor Wat und Angkor Thom fanden sich ringsum im Urwald Hunderte anderer Tempel, übersät mit Reliefs und Skulpturen, Zeugen der Hochkultur des Khmer-Volkes.

Um das Jahr 1000 dürfte Angkor mit über einer Million Einwohnern die größte Stadt der Welt gewesen sein, größer noch als Rom. In den letzten hundert Jahren legten französische Archäologen die vom Urwald überwucherten Mauern frei und richteten viele der Tempel wieder auf. Inschriften ließen Rückschlüsse auf die Geschichte der Khmer zu. Man stieß dabei auf manches Rätsel, das sich erst im Lauf der Zeit löste. Das größte Rätsel: Woran starb Angkor?

Zweifellos verfügten die Khmer über eine erstaunliche künstlerische und technische Begabung. Um so unerklärlicher ist die Tatsache, daß sie ihre Tempelstadt im Jahre 1432 preisgaben. Es gibt Dutzende von Erklärungstheorien, warum Angkor (zu deutsch »Die Stadt«) von seinen Bewohnern verlassen wurde. Versagte die lebenswichtige Wasserversorgung? Überfielen die feindlichen Tscham oder die Thai das reiche Land? Übernahmen sich die Gottkönige mit dem unaufhörlichen Tempelbau? Spielten religiöse Gründe eine Rolle? Hörte der Boden auf, Reis zu tragen?

Man wird es wohl nie herausfinden, da es keine schriftliche Überlieferung gibt. Die »versunkene Stadt steingewordener Phantasie« dürfte ihr Geheimnis auf ewig für sich behalten.

Oben links: Steinplastik an der Elefantenterrasse von Angkor Thom. *Oben rechts:* Riesenkopf am »Bayon«, dem Haupttempel von Angkor Thom. *Rechte Seite, linke Reihe v. o.:* Rundäugige Dämonen an der Zugangsstraße von Angkor Thom; Statue des »aussätzigen Königs«, darunter siebenköpfige Göttin, beide in Angkor Thom; vom Urwald überwucherte Mauern (Angkor Wat). *Oben rechts:* Schlachtendarstellung in Basrelieftechnik in Angkor Wat. *Unten rechts:* Zentralbau von Angkor Wat mit der Prachtstraße.

Japans berühmteste Tempelstadt

NIKKO

Als der große Schogun Ieyasu aus dem Geschlecht der Tokugawa seine Augen für immer schloß, erfüllte man seinen letzten Wunsch und bettete ihn im Bergdistrikt von Nikko zur letzten Ruhe – 100 km entfernt von der neuen Hauptstadt Edo, die einstweilen noch ein armseliges Fischerdorf war und sich erst viel später zur Millionenstadt Tokyo entwickelte. Ieyasu war es gelungen, die mit ihm rivalisierenden Fürsten zu vernichten, mehrere Provinzen zu erobern und den Grundstein zu einem einigen japanischen Reich zu legen. Es war ein Reich, in dem Ieyasu, nur dem Namen nach Schogun (Reichsfeldherr), in Wirklichkeit Herrscher an Stelle des entmachteten Kaisers, ein strenges Polizeiregiment führte.

1617 setzte man den toten Staatsmann und Helden in Nikko bei und reihte ihn unter die Götter ein. In der reizvollen Landschaft – heute ein japanischer Nationalpark – entstanden zahlreiche Bauten zu Ehren des Kriegsheroen, wurden Tore, Pagoden und Schreine errichtet. Allmählich bildete sich ein ganzer Tempelbezirk, der zunächst dem Buddha geweiht war und später dem schlichten Schintokultus, der japanischen Staatsreligion, diente. Die Legende berichtet, der prunkvolle Toshoguschrein sei innerhalb von 15 Monaten von 830000 Menschen gebaut worden.
In Nikko wurde auch Iemitsu mit göttlichen Ehren beigesetzt, der Enkel und zweite Nachfolger Ieyasus. Der Tempelbezirk entwickelte sich zu einem vielbesuchten Wallfahrtsort, und

während die reicheren Pilger zu Ehren der großen Schogune bronzene oder steinerne Opferlaternen stifteten, pflanzten die ärmeren einen Baum oder begnügten sich damit, den Priestern ein paar kleine Münzen zu übergeben. »Wie in allen größeren Schintotempeln des Landes, so befindet sich auch hier in einem Hofe eine offene Tanzbühne, auf der eine jugendliche, anmutige Priesterin die heiligen Tänze ausführt«, notierte der Weltreisende Ernst von Hesse-Wartegg.

Wenn man durch das Niomon-Tor geht, kommt man zu den Stallungen für die heiligen Schimmel. Die Geister der großen Schogune sollen jederzeit ausreiten können. Eine Holzplastik über dem Stalltor zeigt drei Affen, die durch Handbewegungen andeuten: »Nichts hören, nichts sagen, nichts sehen.« Es handelt sich um das Urbild jener Affengruppe, die man auch bei uns auf vielen Schreibtischen oder Wohnzimmerschränken finden kann. Wahrscheinlich gehören die »Affen von Nikko« zu den meistvervielfältigten Tieren der Geschichte.

»Nikko wo minai utschi wa, kekko to yu na!« sagen die Japaner. »Sag nicht ›wunderbar‹, wenn du Nikko noch nicht gesehen hast.«

Oben: Farbenprächtiger Giebel des Toshogu-Schreins von Nikko.
Linke Seite: Opferlaternen in Nikko *(oben links)*; Tempelwächterfigur mit Pfeil und Bogen *(oben rechts)*; Detail vom Toshogu-Schrein *(unten links)*; die berühmten Affen von Nikko – nichts hören, sagen, sehen *(unten rechts)*.
Vorhergehende Doppelseite: Yomeion-Tor und Toshogu-Schrein, Nikko.

Der 700jährige Riesenbuddha

DAIBUTSU VON KAMAKURA

Wir passierten das Tor«, heißt es in einem alten Reisebericht, »und nun ragte das imposante Götterbild in seiner ehernen Ruhe vor uns auf, ein Kunstwerk ersten Ranges, vor 600 Jahren geschaffen. Es liegt eine schwer zu beschreibende Majestät in der ganzen Riesengestalt. Der Gedanke der in sich selbst abgeschlossenen, absoluten und darum leidenschaftslosen allmächtigen Kraft ist meisterhaft zum Ausdruck gebracht in Haltung und Angesicht des in stiller königlicher Würde aus halbgeschlossenen Augen vor sich Niederblickenden.«

Ähnlich wirkt der Riesenbuddha von Kamakura in Japan auch auf den Reisenden von heute. Bei sinkender Sonne zeigt er sein wahres Gesicht. So sagen es die Japaner, und sie haben recht damit. Der riesige bronzene Buddha strahlt im Zwielicht der Dämmerung am deutlichsten die Ruhe des Überzeitlichen, die Sicherheit des Unbeeinflußbaren aus. Der Mensch, der wie ein Zwergenwesen vor dem 14 m hohen Giganten steht, vergißt für einige Minuten, in welcher Zeit er lebt.

Es gibt zwei Kolossalstatuen Gotama Buddhas, den die Japaner Butsu nennen, auf japanischem Boden. Die ältere findet sich im Todaijiri-Kloster zu Nara und ist 16 m hoch. Ihre Entstehung verdankt sie einem Gelübde des Kaisers. Man weiß noch, daß beim Guß der Statue 18656 Klafter Holzkohle verbraucht wurden, daß die Vergoldung 10446 Unzen Gold erforderte, daß Kuninaka no Muraji Kimimaro, der Enkel eines eingewanderten Chinesen, für die Arbeiten verantwortlich war. Aber man weiß nicht mehr, wie dieser Daibutsu ursprünglich ausgesehen hat. Viermal wurde er im Lauf der Jahrhunderte teilweise zerstört und wieder erneuert. Nur der Lotussitz von 21 m Durchmesser stammt aus der Ursprungszeit – die Figur selbst halten Kunsthistoriker in ihrer jetzigen, aus den Jahren 1701 bis 1708 stammenden Form für eine »scheußliche und lächerliche Karikatur«.

Der Daibutsu von Nara ist sozusagen der Vater des Bronzebuddhas von Kamakura. Minamoto no Yoritomo, erster der japanischen Schogune, hatte sich innenpolitisch gegen die rivalisierende Partei der »Taira« durchgesetzt. 1185 übernahm der Schogun, den das Volk den »Obersten Besieger der Barbaren« nannte, die Verwaltung des Landes. Kamakura entwickelte sich zu einer machtvollen Residenz. Wissenschaften und Künste blühten auf. Als »Kamakura-Epoche« ging diese Periode in die japanische Kunstgeschichte ein.

Minamoto no Yoritomo gedachte, die Vorherrschaft Naras als Kunststadt – man spricht heute noch von dieser Stadt als von einem »Rom des Buddhismus« – zu brechen. Dazu gehörte aber auch eine dem Daibutsu von Nara ebenbürtige Buddhastatue. Der Bildhauer Ono Goroemon wurde damit beauftragt, sie zu schaffen. 1252 konnte er den Guß vollenden. Kamakura, anderthalb Jahrhunderte lang Sitz der Schogunatsregierung (1192–1333), hatte damit auch im Bereich der Künste seine Herrschaftsrolle demonstriert.

Der Daibutsu thront im Lotussitz auf einem terrassenförmigen Fundament, zu dem Stufen hinaufführen. Die Bronzeteile und -platten, aus denen die Statue zusammengesetzt wurde, haben eine Wandstärke bis zu 10 cm. Allein das Gesicht ist 3 m hoch, die Entfernung von einem Knie zum andern macht 11 m aus. Zwei Fenster an der Rückseite erlauben es, in das Innere der Figur zu gelangen. Früher war der Daibutsu in einer Art Halle untergebracht, wie es jetzt noch beim Buddha von Nara der Fall ist. Rings um das Heiligtum erhoben sich Tempel- und Palastbauten. Feuersbrünste und Taifune ließen im Lauf der Jahrhunderte alle diese Holzbauwerke in Schutt und Asche versinken. Die Hauptstadt Kamakura, einst eine stolze Metropole, deren Einwohnerschaft nach Hunderttausenden zählte, überlebte das japanische Mittelalter nicht. Nur der Daibutsu legt noch für die einstige Größe Zeugnis ab. Seit 1495 thront er unter freiem Himmel. Die Bronze verfärbte sich im Lauf der Jahrhunderte schwärzlich-grün.

Der deutsche Reisende P. G. Heims kam kurz vor der Jahrhundertwende nach Kamakura. Er fand vor der Terrasse mit dem Fundament des Daibutsu ein Eingangstor, das von überlebensgroßen Torwächtern »in Gestalt von rot angemalten, abscheulich fratzenhaften Götzen« flankiert wurde. Auf dem roten Lack gab es unzählige weiße Tupfen. Heims ermittelte die Ursache: »Wer hierher kommt, um etwas von den Götzen zu erbitten, schreibt zu Hause sein Gebet auf Papier, das an Ort und Stelle gekaut und auf die Götzenbilder gespuckt wird. Wenn es kleben bleibt, ist dieses Gebet angenommen. Einige haben es fertiggebracht, ihr Anliegen bis auf die Stirn der Fratzen zu schleudern.«

Heims legte den Weg von Tokyo nach Kamakura, etwas über 50 km, mit der Rikscha zurück. Ein Kuli zog vorn, ein zweiter schob von hinten. Es muß eine mühsame Reise gewesen sein. Heute führt von Tokyo eine

elektrische Schnellbahn nach Kamakura. Für die Tokyoter ist ein Besuch der Buddhastatue ein Sonntagsausflug. Aber vielleicht zieht es sie auch mehr an die benachbarte »japanische Riviera«. Die Sagamibucht ist ein populäres Ferienziel.

Das Gesicht des Riesenbuddhas ist 3 m hoch *(oben)*, man kann durch die Fenster im Rücken *(rechts oben)* in das Innere gelangen. Die Hände *(rechts unten)* sind meditierend zusammengelegt. Die Buddhastatue aus Bronzeteilen *(rechte Seite)* ist 14 m hoch.

Wall aus Blut und Tränen

CHINESISCHE MAUER

Unter allen Riesenbauwerken der Erde ist die Große Chinesische Mauer bei weitem das gigantischste. In einer Länge von 2450 km – das entspricht etwa der Strecke Hamburg–Palermo – erstreckt sie sich von der Küste des Gelben Meeres bis zu den Steppen Innerasiens, von Sutschou in Kansu bis nach Schanhai-kuan am Golf von Liau-tung, in der Regel 16 m hoch, unten 8 und oben 5 m breit. Zweimal überquert die Mauer den Huang-ho. In Hopeh spaltet sie sich zum Schutz Pekings in zwei Arme auf. Alle 100 m soll es einst einen Wachtturm gegeben haben, zusammen über 40000. Man hat berechnet, daß die Große Mauer aus 300 Millionen Kubikmeter Material erbaut wurde – genug, um 120 Cheopspyramiden zu errichten oder eine zwei Meter hohe Mauer um den Äquator zu legen.

historischen Vorbildern an. Meist dürfte es sich bei diesen Grenzbefestigungen um Erdwälle mit Wachttürmen gehandelt haben.

Für die Errichtung des ersten nach außen gerichteten Walls war Kaiser Schi-huang-ti (221–210 v. Chr.) verantwortlich. Er hielt sich dabei zum Teil an die bereits vorhandenen Grenzbefestigungen, zum Teil ließ er neue Wälle legen, um die »Barbaren« und »Dämonen« von Einfällen in sein Reich abzuhalten.

Von einer durchgehenden Mauer konnte noch keine Rede sein. Schlüsselpunkte der Verteidigungslinie waren Türme, deren Außenmauern aus riesigen Ziegelsteinen (48 × 48 × 18 cm) bestanden. Den vom Mauerwerk eingefaßten Raum füllte man mit einer festgestampften Mischung aus Lehm, Kies und

Die Geschichte dieses Walls aus Blut und Tränen geht zurück bis auf die Zeit vor 2600 Jahren. Entgegen einer weitverbreiteten Ansicht ist die heutige Große Mauer aber bedeutend jünger. Sie stammt in ihren wesentlichen Teilen aus dem 15. Jahrhundert, als die Ming-Dynastie über China herrschte.

Die frühesten chinesischen Mauern wurden nicht zur Abwehr äußerer Feinde gebaut, sondern waren rein innerchinesische Angelegenheiten. So sicherte sich der Staat Tschu zu Anfang des 6. Jahrhunderts v. Chr. durch einen Grenzwall gegen Überfälle der nördlichen Nachbarstaaten, und in den folgenden Jahrhunderten folgten die Staaten Tschi und Wei diesem Beispiel. Um 320 v. Chr. machten es die Tschin ebenso, und einige Jahrzehnte später schlossen sich Tschao und Yen den

Tamariskenzweigen. Zehn Meter hoch waren die etwa sechs Meter breiten Türme. Der Lehmwall, der sie miteinander verband, wurde nicht von Mauern gestützt. Aber der gestampfte Löß erwies sich als so widerstandsfähig, daß Teile der Wallanlage bis auf den heutigen Tag erhalten blieben.

Die Türme waren mit Ausguckposten besetzt. Wenn sich Reiterhorden der Hunnen näherten, wurde die im Hinterland des Grenzwalls in einem Lager oder einer Festung untergebrachte nächste Garnison alarmiert. Tagsüber verwendete man flaggenähnliche Segel oder auch Rauchsignale zur Nachrichtenübermittlung, nachts half man sich mit Drahtkörben, die mit brennenden Fackeln gefüllt waren. Diese Körbe bewegte man mit Hilfe einer Stangenkonstruktion in einem

vereinbarten Rhythmus auf und ab. Zu den Aufgaben der Wachtposten gehörte es auch, einen breiten Sandstreifen im Vorfeld der Befestigungsanlage immer sauber und glatt zu halten, damit Spuren fremder Eindringlinge nicht übersehen wurden.
Kaiser Schi-huang-ti setzte zunächst seine Armee zum Bau der Befestigungsanlage ein. Der Überlieferung nach sollen 300000 Soldaten an den Arbeiten beteiligt gewesen sein. Damit kam man aber nicht mit wünschenswerter Schnelligkeit voran. Also öffnete man die Gefängnisse und schickte Räuber und Mörder an die Baustelle. Als auch diese Maßnahme noch nicht ausreichte, wurden große Teile der Bevölkerung dienstverpflichtet – nach zeitgenössischen Angaben holte man jeden dritten männlichen Chinesen zum Mauerbau. Hunderttausende von Zwangsarbeitern starben vor Erschöpfung, Überarbeitung oder Hunger. »Wenn dir eine Tochter geboren wird, dann ertränke sie«, heißt es in einem chinesischen Klagelied, »wenn dir ein Sohn geboren wird, zieh ihn nicht auf. Siehst du nicht, wie die Große Mauer auf Haufen von Leichen errichtet wird?«
Ebenso wie spätere und frühere Mauern konnte der Wall des Schi-huang-ti den Feind nur abhalten, wenn er ausreichend mit Soldaten besetzt war. Die unverteidigte Befestigungsanlage war nutzlos. Als bei einem Aufstand im Jahre 209 Soldaten, Zwangsarbeiter und zum Mauerbau Gepreßte das Grenzgebiet verließen, gelang es den Hunnen innerhalb kurzer Zeit, die von der Großen Mauer unzulänglich geschützten Gebiete zu erobern. Kaum in den Grundzügen fertiggestellt, hatte der Grenzwall seine Bedeutung schon wieder verloren, denn in den folgenden Jahrhunderten brachen die Hunnen immer wieder nach China ein. Die kriegerischen Gegenaktionen der Chinesen blieben erfolglos. Es nützte auch nichts, daß man den Hunnen Tribut zahlte und ihre Anführer mit kaiserlichen Prinzessinnen vermählte.
In den chinesischen Annalen der folgenden Jahrhunderte ist von der Großen Mauer nicht mehr die Rede. Erst im 5. und 6. Jahrhundert n. Chr. finden sich spärliche Angaben über die Errichtung neuer Wallanlagen. Marco Polo, der China im 13. Jahrhundert kreuz und quer bereiste, verlor kein Wort über mauerähnliche Grenzbefestigungen. Falls es damals noch nennenswerte Überreste der Mauer des Schi-huang-ti gegeben hätte, wären sie Marco Polo zweifellos aufgefallen.

Der Plan zu einer neuen, stabileren »Mauer von 10000 Meilen« (»Wan-li-tschang-tscheng«), die Meile zu 329 m gerechnet, scheint im 14. Jahrhundert aufgetaucht zu sein. Die Mongolen unter Dschingis Chan und dessen Nachfolgern hatten China unterworfen und neunzig Jahre lang beherrscht. Im Jahre 1368 gelang es chinesischen Rebellen unter der Führung des Bauernsohns und zeitweiligen Mönchs Tschu-yüan-tschang – als Kaiser Tai-tsu begründete er die Ming-Dynastie –, die Fremden zu vertreiben. In den folgenden Jahrzehnten kam es

Oben: Chinesische Mauer mit Wachtturm in den Bergen von Pa-ta-ling. *Linke Seite:* Die Mauer überklettert die steilsten Berge *(links)*, schlängelt sich durch öde Gebirgslandschaften *(oben rechts)* und rahmt ganze Bergzüge ein, wie hier *(unten rechts)* im Westen der Hauptstadt Peking.

immer wieder zu Übergriffen der Mongolen – einmal nahmen sie sogar den Kaiser gefangen. Man mußte etwas unternehmen, um das Reich vor Überfällen aus dem Norden zu schützen. Unter mehreren Kaisern der Ming-Periode, die bis 1644 dauerte, wurde an einer Neuauflage jener Großen Mauer gebaut, die in den Aufzeichnungen der damaligen chinesischen Reichsgeographen nur noch unter der Rubrik »Altertümer« geführt wurde.

Beim Bau der Ming-Mauer setzte man breite Fundamente aus schweren Steinquadern, auf denen zwei starke Mauern aus gebrannten Ziegeln errichtet wurden. Den Zwischenraum zwischen beiden Mauern füllte man, getreu der Turmbauweise des Schi-huang-ti, mit festgestampftem Löß, Steinbrocken, Kies und Ziegelstücken. Eine Ziegelschicht in Fahrbahnbreite deckte die Aufschüttung ab. Beim Bau der beiderseits angebrachten Brustwehr achtete man auf den günstigsten Schußwinkel für Armbrüste. In regelmäßigen Abständen entstanden viereckige Türme.

Die Mauer nahm keine Rücksicht auf Geländeschwierigkeiten. An ihrem Anfang reichte sie weit in das Gelbe Meer hinein. Man hatte Schiffe mit Eisen und Granit gefüllt, am Ufer versenkt und als Mauerfundament verwendet. »Die Mauer zieht sich auf dem Gebirgskamm dahin nach Ost und West, in unabsehbare Fernen, die steilsten Höhen empor, in tiefste Täler hinab, manchmal in den die Bergesspitzen verhüllenden Wolken verschwindend« (Hesse-Wartegg).

Über die Truppenbelegung der Mauer gab der preußische Kaufmann Adam Brand, der 1692 von Moskau nach China reiste, einen anschaulichen Bericht: »Oben auf der Mauer war ein Wacht-Hauß von ohngefehr 40 biß 50 Soldaten versehen, worauff ein Götzen-Tempel gebauet, auff welchem des Götzen und des Königs gelbe Wimpel und Flaggen weheten, in vorbemeltem Wacht-Hauß soll wie wir berichtet worden, continuirlich Wacht gehalten werden, ingleichen war auch außerhalb der letzten Pforte ein Wacht-Hauß so mit 20 Persohnen besetzet . . . Auch hat die Mauer an bequemen Orten da es von nöthen, Pforten, welche eines Theils wegen des Kauff-Handels, andern Theils zum Ausfall auff die Tartarn gemachet sind. In und ausserhalb der Mauer liegen starcke Vestungen.«

Die Ming-Kaiser, Bauherren der Großen Mauer, setzten sich nicht nur mit diesem Mongolenwall, sondern auch mit anderen Bauten bleibende Denkmäler. Die meisten Herrscher der Ming-Dynastie wurden unweit von Peking in einem ausgedehnten Grabtempelbezirk beigesetzt. Wer sich heute auf den Weg macht, die Große Mauer zu besichtigen, wird auch den Ming-Gräbern einen Besuch abstatten, zu denen eine kilometerlange, mit seltsamen Riesenplastiken von Tieren und Kriegern besetzte Allee führt.

Oben: Merkwürdige Tierplastiken begrenzen die zu den Gräbern der Ming-Kaiser in der Nähe von Peking führende sogenannte Ming-Allee.
Linke Seite v. o.: Ming-Grabstätte; Kriegerfigur; Tierplastik bei Peking.

Tempel der unzähligen Buddhas

BOROBUDUR

Einen Götterberg hat man den Borobudur-Tempel auf der Insel Java genannt – eine zutreffende Bezeichnung für das riesige Sakralbauwerk unweit von Jogjakarta, denn es handelt sich tatsächlich um einen mit gewaltigen Steinmassen überbauten Berg oder Hügel, nicht um eine freitragende Konstruktion. Als man Buddha zu Ehren im 8. Jahrhundert n. Chr. diesen ausgedehntesten Tempelbau Asiens schuf, war der Buddhismus auf dem indischen Subkontinent schon auf dem Rückzug begriffen. Hinduistische Einflüsse hatten ihn von innen her zersetzt, und als die Religion der Brahmanen zu neuem Leben erwachte, war es mit der Glanzzeit des Buddhismus vorbei. Die islamische Sturmflut zerstörte die letzten Bollwerke des Buddhaglaubens.

Um diese Zeit erst erschlossen sich die Inseln des Malaiischen Archipels der neuen Lehre. Es entstanden Hunderte von Tempeln, die Buddha geweiht waren – allein in Mitteljava konnte man 150 derartige Bauten nachweisen. Die meisten von ihnen hat längst der Urwald überwuchert. So erging es auch dem Götterberg von Borobudur. Man entdeckte ihn erst im 19. Jahrhundert wieder und machte sich daran, ihn aus dem Dschungel zu befreien. »Heute, da der Borobudur von allem Schutt und dem Gewirr der Schlinggewächse und wuchernden Sträucher befreit ist, sieht man erst, mit welch großartigem Werk eines unbekannten Volkes man es hier zu tun hat«, vermerkte ein Reisender, der um die Jahrhundertwende nach Java kam.

Der kuppelförmige Bau erhebt sich in fünf quadratischen Terrassen, denen drei kreisrunde Abschlußstufen aufgesetzt wurden, bis zu einer Höhe von 35 m. Eine sechste Terrasse wurde nachträglich ganz unten um den Bau gelegt. Vermutlich drohten die oberen Steinschichten von dem als Baugrund nur wenig geeigneten Sand-Lehm-Gemisch des Hügels abzurutschen. Vier Treppen führen zur Spitze des Tempelhügels hinauf. Auf den ersten Blick verwirrt die reiche Gliederung des Baukörpers durch zahllose Friese, Nischen und Kuppeln. Die flachgedrückte Pyramide des Borobudur, deren unterste Terrasse eine Seitenlänge von 111 m aufweist, macht auf den flüchtigen Betrachter den Eindruck einer schweren, zusammengesunkenen Masse. »Sie sieht aus wie eine ebenso schlecht aufgegangene wie im Detail sorgfältig durchgeformte Pastete«, befand der französische Kunsthistoriker Foucher nach seinem ersten Besuch des Borobudur.

Foucher bemängelte überdies, daß man vom Fuß der Steinpyramide die oberste Plattform und die Spitze des Tempels nicht sehen könne und daß es umgekehrt unmöglich sei, vom höchsten Punkt einen Blick auf den Fuß der untersten Terrasse zu werfen. Diese schlechte Sicht, zurückzuführen auf die Halbkugelform des Bauwerks, hielt Foucher für einen Fehler des Baumeisters.

Hatten die Konstrukteure von Borobudur wirklich schlechte Arbeit geleistet? An diese Annahme hielt man sich lange Zeit. Der Tempel ist baukünstlerisch als Stupa zu betrachten. Der Stupa, aus der Form des runden Begräbnishügels entwickelt, kann entweder ein Hohlbau sein, der zur Aufnahme von Reliquien dient, oder ein reines Kultmal ohne Innenräume. Meist erhebt sich ein halbkugel-, glocken- oder zylinderförmiger Bau über einer viereckigen Terrasse. Die Erbauer des Borobudur wichen nun von den frühen Stupaformen erheblich ab. Es dauerte einige Zeit, bis man sich zu der Auffassung durchrang, man habe hier eine in spätbuddhistischer Zeit entstandene Stupaform, bis zur letzten Feinheit durchgebildet und entwickelt, vor sich. Von diesem Standpunkt war es nur

72 glockenförmige Kuppeln, sogenannte Dagobas, krönen die obersten Rundterrassen des Borobudur. In jeder Glocke steht eine Buddhastatue.

ein Schritt bis zu der Erkenntnis, die »Aussichtslosigkeit« des Tempels könne doch – ebenso wie die Gliederung der Gesamtanlage – ihre guten Gründe haben.
Die Erklärung fand sich in der buddhistischen Heilslehre. Absichtlich hatte man die Anlage so entworfen, daß der Pilger vom Fuß des Tempels aus die höchsten Höhen, auf die ihn seine Religion zu führen verspricht, noch nicht erkennen konnte. Die fünf Terrassen sollten offenbar die fünf Stufen symbolisieren, die auf dem Weg zu innerlicher Ruhe und Abgeklärtheit zurückzulegen waren – die Entäußerung von weltlichen Begierden, von Übelwollen und Schadenfreude, von Trägheit und Zweifeln.
War der Pilger erst einmal auf der obersten Terrasse angekommen, sollten die zurückgelegten Zwischenstadien von den »reinen Gefilden« aus nicht mehr zu sehen sein. Die oberste Plattform mit der Tempelspitze versinnbildlichte demgemäß das Nirwana, die vollendete Seelenruhe, die Befreiung vom endlosen Kreislauf der Seelenwanderung, einen »Zustand absoluter Unabhängigkeit von der Welt, der von denen, die ihn erlangt haben, als eine unsagbare überweltliche Wonne, als Seligkeit beschrieben wird« (H.-J. Schoeps).
Der Aufwand beim Bau des Tempels muß die ungeheure Arbeitsleistung bei der Errichtung der ägyptischen Pyramiden in den Schatten gestellt haben. Zwar verbrauchte man z. B. beim Bau der Cheopspyramide erheblich mehr Material, aber dafür verwandten die unbekannten Bauherren von Borobudur ungleich mehr Mühe auf die künstlerische Ausgestaltung ihres Tempels. Die Wände der Terrassen sind mit 1400 aus dem Stein gehauenen Darstellungen geschmückt, die sich zu einer Reliefstrecke von 6 km aneinanderreihen.
Nischen mit Buddhastatuen, 432 an der Zahl, unterbrechen diese steinerne Geschichte des Buddhismus.
Statuen erwarten den Pilger auch auf den obersten Rundterrassen. Hier stehen sie aber nicht offen sichtbar, sondern

verborgen unter Dagobas, kuppel- oder glockenförmigen Steingehäusen, durch deren gitterförmige Aussparungen man in das Innere blicken kann. 72 dieser Glocken umgeben, in drei Kreisen angeordnet, den Mittelturm des Tempels. Auch er enthält eine Statue Buddhas. Sie kann es an Schönheit und Ausgewogenheit nicht mit den anderen Figuren aufnehmen. Ein roh gemeißelter Kopf sitzt auf einem unförmigen Körper. Man hat angenommen, diese Statue symbolisiere das buddhistische Nirwana. Aber die Erklärung ist wohl einfacher. Die Hauptstatue Buddhas wurde nicht mehr fertig. Borobudur versank im Urwald, bevor es vollendet werden konnte. Ein Geheimnis liegt über dem »Tempel der unzähligen Buddhas« (das ist die Übersetzung von »Borobudur«). Man vermutet, daß die gigantische Tempelanlage nur wenige Jahre oder Jahrzehnte dem Dienst an den Göttern gedient hat. Um das Jahr 900 n. Chr. erstarb das Leben in Mitteljava.
Es gibt keine Anhaltspunkte für schwere Naturkatastrophen oder verheerende Seuchen aus dieser Zeit. Eine vieldiskutierte Theorie nimmt an, daß die Bewohner Mitteljavas vor dem Zwang flohen, Zeit und Kraft dem Tempelbau zu opfern. »Vielleicht haben wahnsinnige Könige Jahr für Jahr die Bauern gezwungen, die tonnenschweren Blöcke von weither heranzurollen, zu behauen, zu schichten, zu türmen?« vermutete A. E. Johann in seinem Indonesienbuch. »Der Ruhm der Götter, der Ruhm der königlichen Geschlechter – was galten neben ihm das Leben und die Gesundheit der armen Bauern . . . Wer noch ein wenig Mut besaß, der floh mit Frau und Kindern nach Osten, wo neue Reiche im Entstehen waren.«

Obere Reihe v. l.: Bei einer Statue Buddhas fehlt die Dagoba – der Tempel wurde niemals fertig; Schiffsrelief: Szene aus dem Leben Buddhas; Gesamtansicht des Borobudur; Modell des Tempels in Jogjakarta.
Unten links: Korbträgerinnen; *unten:* Buddha am Brunnen – zwei Darstellungen aus den 6 km langen Relief-Friesen der Tempelterrassen.

Suezkanal
Assuan-Hochdamm
Abu Simbel / nahe Assuan
Kariba-Damm / nahe Lusaka
Viktoria-Fälle / nahe Livingstone
Big Hole / Kimberley

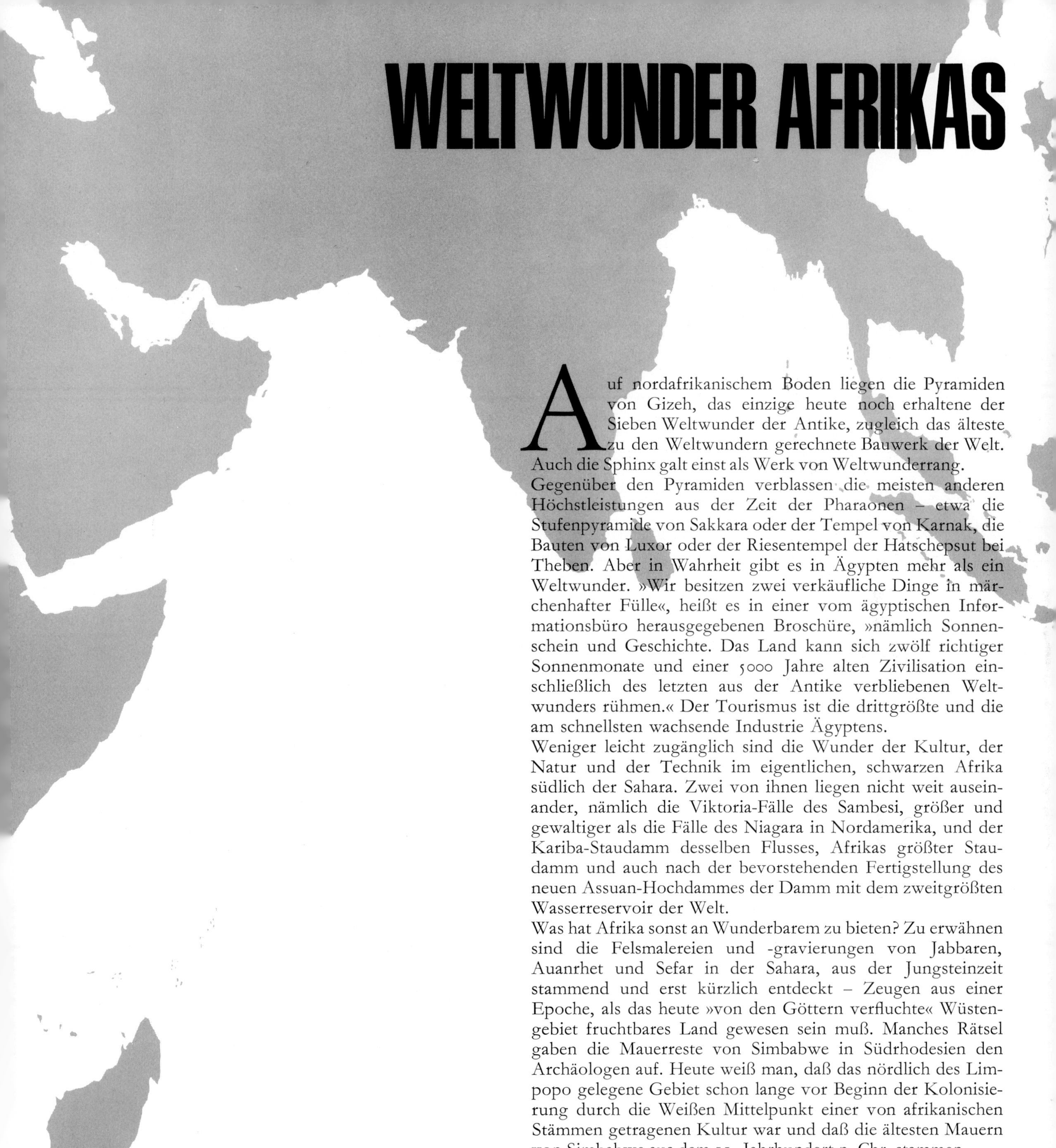

WELTWUNDER AFRIKAS

Auf nordafrikanischem Boden liegen die Pyramiden von Gizeh, das einzige heute noch erhaltene der Sieben Weltwunder der Antike, zugleich das älteste zu den Weltwundern gerechnete Bauwerk der Welt. Auch die Sphinx galt einst als Werk von Weltwunderrang.
Gegenüber den Pyramiden verblassen die meisten anderen Höchstleistungen aus der Zeit der Pharaonen – etwa die Stufenpyramide von Sakkara oder der Tempel von Karnak, die Bauten von Luxor oder der Riesentempel der Hatschepsut bei Theben. Aber in Wahrheit gibt es in Ägypten mehr als ein Weltwunder. »Wir besitzen zwei verkäufliche Dinge in märchenhafter Fülle«, heißt es in einer vom ägyptischen Informationsbüro herausgegebenen Broschüre, »nämlich Sonnenschein und Geschichte. Das Land kann sich zwölf richtiger Sonnenmonate und einer 5000 Jahre alten Zivilisation einschließlich des letzten aus der Antike verbliebenen Weltwunders rühmen.« Der Tourismus ist die drittgrößte und die am schnellsten wachsende Industrie Ägyptens.
Weniger leicht zugänglich sind die Wunder der Kultur, der Natur und der Technik im eigentlichen, schwarzen Afrika südlich der Sahara. Zwei von ihnen liegen nicht weit auseinander, nämlich die Viktoria-Fälle des Sambesi, größer und gewaltiger als die Fälle des Niagara in Nordamerika, und der Kariba-Staudamm desselben Flusses, Afrikas größter Staudamm und auch nach der bevorstehenden Fertigstellung des neuen Assuan-Hochdammes der Damm mit dem zweitgrößten Wasserreservoir der Welt.
Was hat Afrika sonst an Wunderbarem zu bieten? Zu erwähnen sind die Felsmalereien und -gravierungen von Jabbaren, Auanrhet und Sefar in der Sahara, aus der Jungsteinzeit stammend und erst kürzlich entdeckt – Zeugen aus einer Epoche, als das heute »von den Göttern verfluchte« Wüstengebiet fruchtbares Land gewesen sein muß. Manches Rätsel gaben die Mauerreste von Simbabwe in Südrhodesien den Archäologen auf. Heute weiß man, daß das nördlich des Limpopo gelegene Gebiet schon lange vor Beginn der Kolonisierung durch die Weißen Mittelpunkt einer von afrikanischen Stämmen getragenen Kultur war und daß die ältesten Mauern von Simbabwe aus dem 11. Jahrhundert n. Chr. stammen.
Zu den afrikanischen Wundern könnte man auch die Naturschutzparks und Wildreservate zählen – beispielsweise den berühmten Krüger-Nationalpark in Südafrika, den Tsavo-Nationalpark in Kenya, die Serengeti-Steppe und den Ngorongoro-Krater in Tansania. In diesen Schutzgebieten kann man die ganze afrikanische Tierwelt – Löwen und Elefanten, Gnus und Gazellen, Zebras und Antilopen und viele andere Tiere – in freier Wildbahn erleben. In Ostafrika vor allem entstanden zahlreiche Bungalowdörfer für die Touristen. Hier erhebt sich auch die schneebedeckte Kuppe des größten afrikanischen Berges, des sagenumwobenen Kilimandscharo.

Das Werk des Vicomte de Lesseps

SUEZKANAL

Den ersten Kanal zur Verbindung von Mittelmeer und Rotem Meer ließen die Pharaonen graben. Die Perserkönige und später die Ptolemäer sorgten für eine Erneuerung des Wasserweges. Unter der Herrschaft der Araber, im 9. Jahrhundert, versandete der Kanal. Erst Napoleon ließ ein neues Projekt ausarbeiten. Ein Irrtum war daran schuld, daß es niemals verwirklicht wurde. Man glaubte, einen Kanal mit großen Schleusen bauen zu müssen, weil der Wasserspiegel des Roten Meeres fast 10 m über dem des Mittelmeers liege. Zu spät stellte sich heraus, daß man einem Rechenfehler aufgesessen war. Der Höhenunterschied betrug nur 80 cm.

England atmete auf. Ein Suezkanal unter französischer Kontrolle hätte die britische Vorherrschaft in Indien gefährden können. Und als das Kanalprojekt 1847 wieder aufgegriffen wurde, unternahm England alle nur möglichen Anstrengungen, um seine Verwirklichung zu verhindern. Auf die Dauer hatten diese Bemühungen allerdings keinen Erfolg. 1854 wurde ein Konzessionsvertrag zwischen dem ägyptischen Vizekönig Said Pascha und dem Franzosen Ferdinand Vicomte de Lesseps abgeschlossen. Fünf Jahre später begann der Kanalbau nach den Plänen des Österreichers Alois Negrelli. Die Eröffnung des Kanals fand am 17. November 1869 mit orientalischem Prunk statt.

Mit den ursprünglich veranschlagten Kosten von 200 Millionen Francs kam man nicht aus. Es mußte fast der doppelte Betrag aufgebracht werden. Ursprünglich hatten Ägypten und Frankreich je die Hälfte der Suezkanal-Aktien besessen. Aber die Kassen des ägyptischen Vizekönigs waren leer. Ismail, der Nachfolger Said Paschas, verkaufte 1875 seinen Anteil an die Engländer. Sieben Jahre später besetzte England unter einem Vorwand Ägypten und die Kanalzone. 1956 proklamierte Ägypten die Verstaatlichung des Kanals. Unmittelbare Folge war die Suezkrise von 1956. Eine Intervention der UN bereitete den Kriegshandlungen ein Ende. Aber schon 1967 stand der Kanal erneut im Mittelpunkt einer Nahost-Auseinandersetzung und wurde für lange Zeit gesperrt.

Der 161 km lange, nach mehreren Erweiterungen bis zu 13 m tiefe und an der Sohle 60 bis 100 m breite Kanal ist einer der empfindlichsten Nervenstränge des Weltverkehrs. Er wird von täglich 72 Schiffen durchfahren und ist damit die verkehrsreichste Großschiffahrtsstraße der Welt. Zwei von drei Schiffen, die den Kanal passieren, transportieren Erdöl. Die normale Kanalpassage für einen Frachter kostet rund 50000 Mark. Aber diese Ausgabe lohnt sich – gegenüber der Strecke um das Kap der Guten Hoffnung bedeutet die Fahrt durch den Suezkanal eine Wegeersparnis, die z. B. auf der Route London–Bombay über 40 % ausmacht.

Oben: Vom Bittersee aus fährt ein Frachter in die nördliche Strecke ein. *Rechte Seite:* Die Statue des Vicomte de Lesseps *(oben links)* wurde nach der Enteignung des Kanals von den Ägyptern gestürzt. *Oben rechts:* Baggerarbeiten beim Bau des Kanals. *Mitte rechts:* Die »Aigle« durchfährt als erstes Schiff den Kanal. *Unten rechts:* Ende des Timsah-Sees. *Vorhergehende Doppelseite:* Ausfahrt aus dem Kanal ins Rote Meer

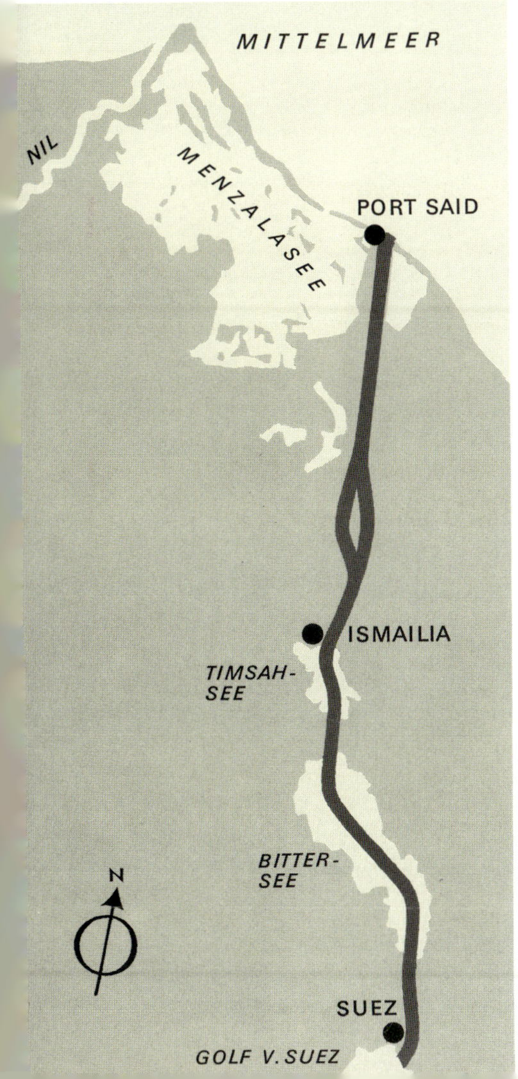
MITTELMEER
NIL
MENZALASEE
PORT SAID
ISMAILIA
TIMSAH-SEE
BITTER-SEE
N
SUEZ
GOLF V. SUEZ

Die Pharaonen wandern
ABU SIMBEL

Wir legten an einer verzwickten Stelle an, wo man die Böschung auf allen vieren erklettern mußte«, berichtete der Kunsthistoriker Julius Meier-Graefe über seinen Besuch in Abu Simbel, »und dann stand man vor den vier Riesen und fühlte sich im ersten Augenblick in der fremden Gesellschaft beklommen. Mit ihren Kronen müssen sie gut an die zwanzig Meter haben, und da die Füße noch auf Sockeln stehen, reicht man kaum bis an die Knöchel. Sie sitzen ganz friedlich da, paarweise zu beiden Seiten des Eingangs, dessen Einfassung unterhalb der Knie bleibt, und sind mit allem Drum und Dran aus dem grauen Stein des Berges gehauen.«

Diese Beschreibung der am westlichen Nilufer, zwischen der ersten und zweiten Stromschnelle, gelegenen Kolossalbauten könnte ein Ägyptenreisender von heute nicht mehr geben. Die Tempel, vor etwa 3200 Jahren aus dem gewachsenen Fels gemeißelt, haben sich auf die Wanderschaft begeben. Sie befinden sich auf der Flucht vor dem Nil, dessen Fluten, zum 600 km langen Nasser-See aufgestaut, bald weite Teile des Flußtals unter Wasser gesetzt haben werden.

Bauherr der beiden Tempel von Abu Simbel – in der Nähe des großen Tempels mit den über 20 m hohen Kolossalstatuen gibt es einen zweiten, kleineren Felsentempel – war Pharao Ramses II. (1290–1224 v. Chr.), den man auch den Großen genannt hat. Er selbst tat alles, um sein Andenken durch eine Fülle gigantischer Bauwerke der Nachwelt zu überliefern. Von allen Pharaonen hinterließ er vermutlich die größte Zahl an Bauten und Bildwerken, und immer stand dabei die eigene Person im Vordergrund. »Seine Werke« – so der Kulturkritiker Egon Friedell – »bekunden einen fatalen Willen zu großsprecherischer Massenwirkung und einer unfeinen Selbstverherrlichung. Ganze Wälder von Steinriesen wiederholen bis zum Überdruß die Züge des Bauherrn.«

Die Felsentempel von Abu Simbel sind zweifellos die gigantischste Schöpfung des reklametüchtigen Königs. Daß man sie als »ebenso grandiose wie sinnlose Gebilde« (Friedell) bezeichnet hat, spricht nicht gegen ihre Pracht, die gekonnte Ausführung, den historischen Wert. Vor dem Haupttempel thront in vierfacher Ausfertigung die sitzende Figur des Pharao. Achtmal wiederholt sie sich im Inneren des Berges, dessen Hallen und Kammern, 60 m weit in den Fels ragend, mit wertvollen Wandgemälden und Reliefs geschmückt sind. Drei 10 m hohe Riesenstatuen des Pharaos und seiner Gemahlin Nefertari schmücken die Fassade des kleineren Tempels.

Als die Entscheidung gefallen war, daß der Nilstau die beiden Tempel überfluten würde (so wie der Stausee des alten Assuan-Damms schon die berühmte Insel Philae überflutet hat), wandte sich die UNESCO mit dem Hilferuf »Die Götter ertrinken!« an alle Kulturnationen. Die Hilfe blieb nicht aus. Nachdem der erste Plan, Abu Simbel durch einen Damm zu schützen, verworfen wurde und die Absicht, die Tempel auf eine riesige Stahlbetonplatte zu setzen und hochzuziehen, sich als undurchführbar erwies, entschied man sich für das Projekt einer deutschen Firma, Statuen und Innenräume Stück für Stück aus dem Fels zu schneiden, in eine sichere Höhenlage zu transportieren und dort wieder zusammenzusetzen. Bevor das Wasser des Nils zu steigen beginnt, werden die Pharaonen sich am neuen Platz eingewöhnt haben.

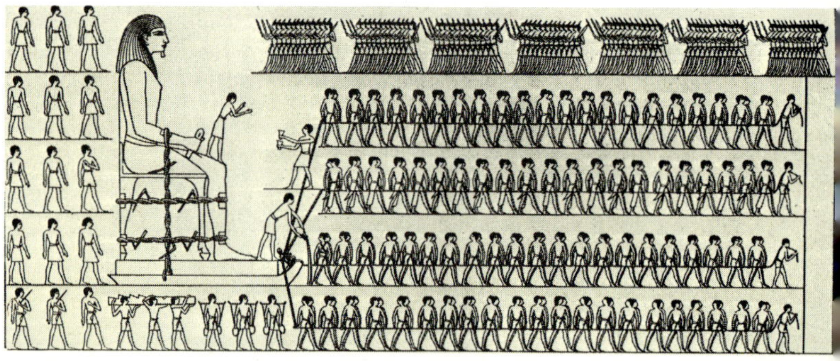

Oben: Altägyptisches Fest am Tempel von Abu Simbel (Zeichnung aus dem Jahre 1886). *Mitte:* Transport einer Kolossalstatue im alten Ägypten. *Unten:* Die Goldmaske des Tut-ench-Amon wurde 1922 entdeckt.
Rechte Seite: Fassade des kleineren Tempels mit Statuen des Ramses und der Nefertari *(oben)*; die zerlegten Statuen des großen Tempels werden am neuen Platz sorgsam wieder zusammengesetzt *(unten links und rechts)*.
Vorhergehende Doppelseite: Der große Tempel an seinem alten Platz.

Ägyptens Existenz hängt von einem einzigen Fluß ab, vom Nil. Die landwirtschaftliche Nutzfläche des Landes der Pharaonen dehnt sich deshalb seit jeher in einem schmalen Streifen zu beiden Seiten des Flusses aus. Schon vor 85 Jahren baute man in der Nähe von Assuan, fast 1000 km vom Mittelmeer entfernt, den ersten größeren Staudamm. Nach mehreren Aufstockungen faßte er rund 9000 Millionen cbm Wasser. Er dient in erster Linie der Bewässerung.
Die neuen Pläne, an deren Verwirklichung seit 1960 gearbeitet wird – unter Einsatz ungeheurer Mittel aus Suezkanal-Einnahmen und sowjetischen Krediten, sowjetischer Fachleute (allein 2000 Ingenieure) und Baumaschinen und von etwa 30000 Arbeitskräften –, sehen einen 110 m hohen und 3,5 km langen Damm aus Felstrümmern und Sand vor, dessen Stausee, auf ägyptischen Plänen heute schon »Nasser-See« genannt, sich über 480 km erstrecken und 157000 Millionen cbm Wasser fassen soll. Zehntausende von Nubiern und Sudanesen müssen umgesiedelt werden. Das neue Reservoir soll die Anbaufläche des Landes um 30 % (800000 ha) vergrößern. Das in den Damm eingebaute Kraftwerk, das größte der Welt, wird jährlich 10 Milliarden kWh produzieren, zehnmal mehr, als dem Land heute zur Verfügung stehen. Kein Wunder, daß die Ägypter erwartungsvoll auf die Baustelle in der Wüste von Sadd-el-Aali blicken. Mit einer Ausdehnung von 15 qkm ist sie die größte Baustelle der Welt.

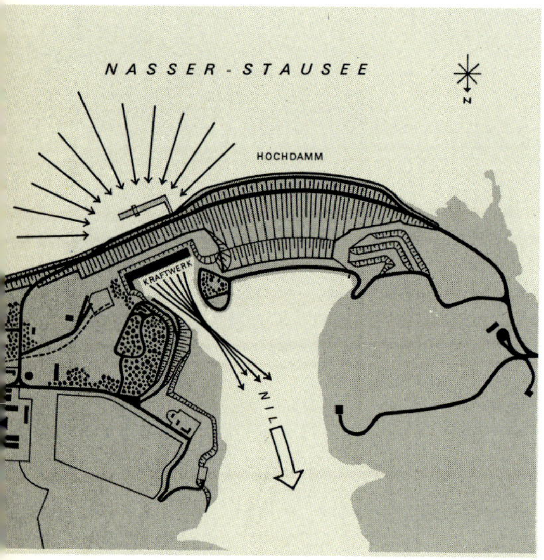

Unter gewaltigen Erdbewegungen und Stahlbetonarbeiten entsteht der neue Hochdamm. *Oben:* Skizze der endgültigen Planung.

Wasser für Ägypten

ASSUAN-HOCHDAMM

Der donnernde Dampf des Sambesi

VIKTORIA-FÄLLE

Das »größte Wunder Afrikas« nannte A. E. Johann, einer der besten Kenner des Schwarzen Erdteils, die Viktoria-Fälle des Sambesi. Mehr als einmal stand er an der 120 m tiefen Schlucht, in die sich auf einer Breite von mehr als 1,7 km die Wassermassen des Sambesi stürzen, bis zu 400000 cbm in der Minute. Auf einer seiner letzten Afrikareisen nahm Johann sogar einen Umweg von 1000 km in Kauf, um die Fälle wiederzusehen.
»Das dunkle Gebrüll der Viktoria-Fälle quoll mir aus der weißen Nacht beinahe körperhaft schwer und dicht entgegen«, beschrieb Johann diese Begegnung. »Ich stand und schaute, und das Herz schlug mir schneller – ein Windstoß hatte die dichte Wand aus Gischt zerweht; nun stand drüben über der im Mondlicht glimmenden, flimmernden Kante, über welche die Strömung in die Tiefe brach, ein hoher Regenbogen, ein Mondregenbogen.«
Der erste Weiße, der die Viktoria-Fälle besuchte und beschrieb, war der schottische Missionar Dr. David Livingstone (1813 bis 1873). Er wagte die Fahrt zu den Fällen auf einem schwankenden Kanu. Schon aus einer Entfernung von Dutzenden von Kilometern sah er die »Fünf Finger«, fünf von den Hauptfällen des Sambesi aufsteigende Dunstsäulen. Die Fälle werden durch kleinere Inseln voneinander getrennt. Eine dieser Inseln, dicht am Abgrund, steuerte Livingstone tollkühn an. »Wir waren nur noch einen knappen Steinwurf weit von den Fällen entfernt. Aber noch immer nicht konnten wir erkennen,

wohin eigentlich die ungeheuren Wassermassen verschwanden. Es schien, als hätte die Erde sie plötzlich verschlungen. Denn der gegenüberliegende Rand der Felsspalte, in die der Fluß hinabstürzte, war nicht weiter als 25 m entfernt. Ich konnte nicht begreifen, was ich sah, bis ich mit Furcht im Herzen an die äußerste Kante kroch und staunend in den breiten Erdriß hinabschaute.«

Der Spalt, dessen Breite Livingstone mit 25 m angab, dürfte heute mindestens dreimal so breit sein. Nicht weit von den Fällen führt die Brücke der Kap-Kairo-Eisenbahn über den Canyon, und ein elegantes Hotel macht es den Weltenbummlern leicht, die mit »urweltlich donnerndem Getöse« in die Schlucht, den »Boiling Pot« (kochenden Topf), stürzenden Wassermassen zu bestaunen.

Immer neue, aufregende Perspektiven bieten die Fälle, ob man sie durch die Sambesi-Schlucht *(Bilder oben)*, aus der Luft *(links)* oder durch das Gewirr der tropischen Vegetation *(linke Seite)* beobachtet.

Afrikas größte Talsperre

KARIBA-DAMM

Seit ein paar Jahren gibt es an der Grenze zwischen Rhodesien und Sambia einen neuen See, den man nach der Königin von England Elizabeth-II.-See genannt hat. Mit einer Länge von 280 km, einer Breite bis zu 32 km und einer Fläche von über 3000 qkm kann er sich durchaus mit den »alten« Seen Afrikas messen. Und doch ist er »nur« ein Stausee – der größte des afrikanischen Kontinents, der zweitgrößte der Welt (nach dem Bratskaja-Stausee der Angara in der UdSSR) mit einem Fassungsvermögen von 166000 Millionen cbm.

Afrika ist unermeßlich reich an Wasserkräften. Ein gutes Drittel des gesamten Wasserkraftpotentials der Welt gehört dem Schwarzen Erdteil – zunächst allerdings nur auf dem Papier, denn einstweilen wird noch nicht einmal 1 % davon genutzt. Aber die günstigen geologischen Verhältnisse erleichtern den weiteren Ausbau. Das südliche Zentralafrika bildet eine riesige Schüssel, aus der sich die großen Ströme ihren Weg durch hohe Randgebirge bahnen müssen. Die schluchtenreichen Durchbruchsstrecken bieten sich geradezu an für die Anlage von Staubecken.

Eine solche Durchbruchsstrecke, die Kariba-Schlucht, durchfließt auch der Sambesi etwa 200 km unterhalb der Viktoria-Fälle. Als man diese Schlucht in den Jahren nach 1955 durch eine fast 130 m hohe Staumauer absperrte, staute sich der Fluß zum Elizabeth-II.-See auf. Ein Kraftwerk verwandelt die Wassermassen in Elektrizität. Es wurde mit einem Kostenaufwand von einer Milliarde Mark errichtet, nahm 1960 seinen Betrieb auf und soll im Endausbau 8 Milliarden Kilowattstunden für die rasch wachsende Industrie Rhodesiens liefern.

Die Bewohner des Sambesitals begegneten den Bauarbeiten zunächst mit Mißtrauen. Sie glaubten den Beteuerungen der weißen Ingenieure nicht, daß ihre Hütten in naher Zukunft Dutzende von Metern unter Wasser stehen sollten. Über 25000 Batonga-Neger (und riesige Wildbestände) wurden umgesiedelt, bevor das Wasser zu steigen begann. Der Karibadamm hat das Gesicht der Landschaft verwandelt.

200 km unterhalb der Viktoria-Fälle wurde ab 1955 der Kariba-Damm errichtet *(oben)*. Durch die geöffneten Schleusen strömen riesige Wassermassen aus dem See *(unten)*. *Rechte Seite:* Der größte Damm Afrikas hat den Sambesi zum Elizabeth-II.-See gestaut.

Mitten in der südafrikanischen Großstadt Kimberley senkt sich ein Krater in die Erde, der einem »richtigen« Vulkankrater zum Verwechseln ähnelt. In seinem oberen Teil hat er die Form eines riesigen Trichters – sein Umfang macht fast eine Meile oder 1,6 km aus –, weiter unten fallen die Wände senkrecht ab, bis zu einer Tiefe von 1,2 km. Den Boden des Kraterloches kann man nicht sehen. Grundwasser hat das Große Loch von Kimberley bis zur halben Höhe gefüllt.

Dieses Loch, als »Big Hole« eine südafrikanische Fremdenattraktion ersten Ranges, wurde im Verlauf von 43 Jahren von Menschenhand gegraben. Die Stadt Kimberley verdankt ihm ihr Dasein. Und obwohl das Große Loch mitten im Stadtbereich liegt, wird man es niemals zuschütten. Die Leute von Kimberley betrachten es als eine Art umgestürztes, in den Boden versenktes Denkmal zur Erinnerung an den »Great Diamond Rush«, den großen Diamantenrausch. Ursprünglich gab es an der Stelle, wo sich heute das Loch befindet, einen unscheinbaren Hügel, Colesberg-Kopje genannt. Auf diesem Hügel versuchte am 16. Juli 1871 ein Trupp

von Diamantensuchern sein Glück. Fleetwood Rawstorne und seine Freunde – nach ihren roten Kopfbedeckungen nannten sie sich »Rotmützen-Verein« – hatten es schon an vielen anderen Stellen probiert, waren aber noch nie auf größere Vorkommen gestoßen. Am Colesberg-Kopje klappte es auf Anhieb. Dicht unter der Erdoberfläche fanden sich kleine, aber makellose Diamanten.

Man steckte sofort, mitten in der Nacht, Claims ab. Am nächsten

Tiefstes Loch von Menschenhand
BIG HOLE

Morgen waren schon Dutzende von fremden Diggern zur Stelle, die sich ebenfalls Schürfrechte sichern wollten. Ein knappes Jahr später gruben über 50000 Diamantensucher rund um den Fleck in die Tiefe, an dem es einmal einen Hügel gegeben hatte. Im Lauf der Jahrzehnte wurden im Großen Loch über 14 Millionen Karat Diamanten gefunden. Um sie zu gewinnen, mußte man 25 Millionen Tonnen Erde und Gestein fördern. Den Abraum verteilte man in weitem Umkreis um das Große Loch. Auf ihm wurde die Stadt Kimberley errichtet.

Seit 1914 wird nicht mehr am Großen Loch gearbeitet, obwohl nicht daran zu zweifeln ist, daß in der Tiefe noch gewaltige Mengen von Diamanten schlummern. Aber es würde sich nicht lohnen, dieses Vorkommen auszubeuten. Überdies ist das Zeitalter der freien Digger vorbei. Die Regierung stellt längst keine Lizenzen mehr aus. Die wenigen Diamantensucher aus früheren Zeiten beschränken sich darauf, den Abraum zu durchwühlen, auf dem Kimberley steht – bei Straßenarbeiten etwa oder wenn ein altes Haus abgerissen wird. Die Ausbeute ist kümmerlich.

»Und das alles nur für die Eitelkeit der Weiber!« soll Lord Randolph

Churchill, der Vater Winston Churchills, bei einer Besichtigung des Großen Loches seufzend bemerkt haben. Die Fama berichtet, eine Dame seiner Begleitung habe darauf schlagfertig erwidert: »Aber auch für die Schlechtigkeit der Männer!«

Wie ein riesiger Vulkanschlund wirkt das größte von Menschenhand gegrabene Loch, genannt »Big Hole« *(Mitte)*. Es gibt nur noch wenige der alten Digger, die hier nach Diamanten gegraben haben *(links außen)*. Die Förderung von Diamanten ist heute industrialisiert. *Oben:* Sortieren von Rohdiamanten.

St.-Lorenz-Seeweg
Yellowstone-Nationalpark / Wyoming
Habitat / Montreal
Marina City / Chicago
Skyline von New York
Golden Gate Bridge / San Francisco
Mount Rushmore / South Dakota
Niagara-Fälle
Grand Canyon / Arizona
Mammut-Höhlen / Kentucky
Mount Palomar / California
Kap Kennedy / Florida
Chichen Itzá / Yucatán (Mexico)
Panamakanal
Machu Picchu (Peru)

WELTWUNDER AMERIKAS

Kein Kontinent der Erde ist so reich gesegnet mit Weltwundern wie der amerikanische, keiner nimmt es auf diesem Gebiet an Vielseitigkeit und Abwechslungsreichtum mit Amerika auf. Es fällt schwer, eine Sparte zu entdecken, in der Nord- oder Südamerika nicht mit Superlativen aufwarten könnten. Die schönste Stadt der Welt? Nach allgemeiner Auffassung Rio de Janeiro. Die größte Sternwarte? Zweifellos das Observatorium auf dem Mount Palomar. Die längste und tiefste Schlucht? Ganz bestimmt der Grand Canyon des Colorado. Der Welt berühmteste Hängebrücke? Die Golden Gate Bridge von San Francisco. Die am modernsten und kühnsten geplante Stadt? Brasília. Der größte Weltraumbahnhof? Kap Kennedy.

So könnte man noch eine Weile fortfahren. Nun ist selbstredend nicht alles Größte, Höchste und Längste auf der Welt in jedem Fall auch ein Weltwunder, obwohl zwischen diesem Begriff und den Superlativ-Leistungen enge Beziehungen bestehen. Aber auch wenn man andere Maßstäbe anlegt – etwa solche der Schönheit, der Ausgewogenheit, der Ungewöhnlichkeit oder der überraschenden Wirkung –, findet man in der Neuen Welt eine solche Fülle sehens-, bestaunens- und erlebenswerter Dinge, daß es einem schwerfallen kann, eine gerechte Auswahl zu treffen.

Kanada, vertreten mit dem St.-Lorenz-Seeweg, den Niagarafällen (die zur Hälfte den US-Amerikanern »gehören«) und dem teils als bahnbrechend, teils als unmöglich bezeichneten »Wohnberg« Habitat von Montreal, könnte vielleicht noch den Transcanada-Highway oder eine moderne Talsperre zu einer breiteren Auswahl beisteuern. Aus dem Repertoire der Vereinigten Staaten käme noch ein gutes Dutzend überdurchschnittlich interessanter Sehenswürdigkeiten aus Natur, Kultur und Technik zusammen – man braucht nur an den Sequoia-Nationalpark, das Capitol in Washington oder die Cliff Dwellings, an das Tennessee-Tal oder die entlang der Westküste verlaufende »Traumstraße der Welt« zu denken.

Und Südamerika? Der Ruinenstätten aus präkolumbischer Zeit sind so viele, daß man ein eigenes Buch schreiben müßte, wenn man auch nur die wichtigsten erwähnen wollte: Copán und Uxmál, Tikal und Piedras Negras bei den Maya, Tehuantepec und Tenochtitlan (das heutige Mexico City), Teotihuacan und Tula bei den Altvölkern Mittelamerikas, Tiahuanaco und Cuzco, Tomebamba und Pisaj im Bereich der Inka und ihrer Vorgänger – die Zahl der Tempelruinen ist längst unübersehbar geworden, und jedes einzelne Bauwerk hat seine Entstehungs- und Entdeckungsgeschichte, die ihre Besonderheiten aufweist und berichtenswert ist.

Und das moderne Mittel- und Südamerika? Auch hier würde es keine Mühe machen, eine Liste zusammenzustellen, die etwa vom Torre Latinamericano in Mexico City bis zur neuen Brücke über den Orinoco in Venezuela reichen könnte.

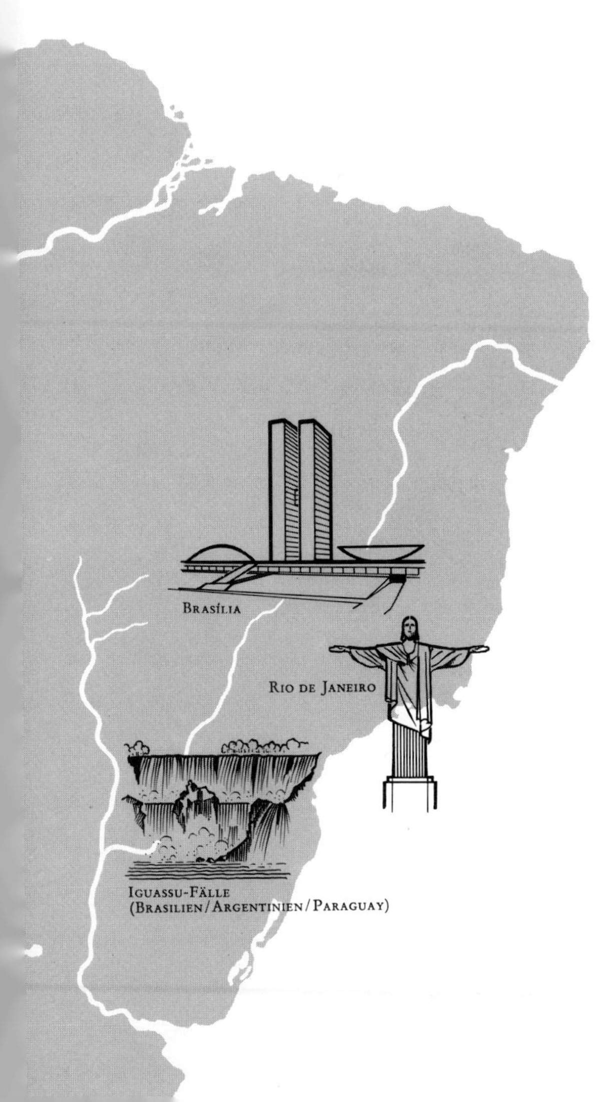

Schiffahrtsweg ins Herz Amerikas

ST.-LORENZ-SEEWEG

Die fünf Großen Seen im Grenzgebiet zwischen den USA und Kanada sind schon eher ein Meer zu nennen. Manchmal bezeichnet man sie auch wirklich als Mittelmeer Nordamerikas, denn die Fläche, die Oberer See, Huron-, Michigan-, Erie- und Ontariosee zusammen einnehmen, entspricht etwa der Gesamtfläche der Bundesrepublik Deutschland. Abfluß der Großen Seen in den Atlantik ist der St.-Lorenz-Strom. Auf ihm waren einst die Entdecker und Eroberer ins Land gekommen.

Der Plan, die über 3700 km lange Wasserstrecke von der Mündung des St.-Lorenz-Stromes bis nach Duluth am Oberen See zu einer gigantischen Binnenwasserstraße auszubauen, ist schon alt. Vor allem Kanada setzte sich dafür ein. Weniger interessiert zeigten sich die Amerikaner. 1932 schlossen die beiden Staaten einen Vertrag über den gemeinsamen Ausbau des St.-Lorenz-Seewegs. Die technischen Schwierigkeiten – Höhendifferenzen zwischen den Seen, Stromschnellen im St. Lorenz, die Notwendigkeit, zahlreiche Schleusen und Kanäle zu bauen – waren zu bewältigen, auch die finanziellen Probleme konnten nicht unlösbar sein.

Dagegen dauerte es Jahrzehnte, bis einige amerikanische Gesellschaften ihre Bedenken zurückstellten.

1959 war die größte Binnenwasserstraße der Welt fertig. Ozeanfrachter können nun vom Atlantik bis in das Herz Amerikas fahren. 16 Schleusen heben sie dabei bis auf eine Höhe von 183 m über dem Meeresspiegel.

Zahlreiche neue Schleusenanlagen (*links:* Eisenhower-Schleuse; *oben:* Schleuse bei Montreal) machten den St.-Lorenz-Seeweg zur größten Binnenwasserstraße der Welt.

Die donnernden Wasser

NIAGARA-FÄLLE

Der Niagara ist einer der kürzesten Flüsse der Welt. Sein Weg ist nur 40 km lang, vom Eriesee bis zum Ontariosee. Auf dieser unbedeutenden Strecke muß der Fluß einen Höhenunterschied von 107 m ausgleichen. Das tut er teils durch sein reißendes Gefälle, teils durch einen Wasserabsturz von gigantischen Ausmaßen, die Niagara-Fälle. Sie liegen im Grenzbereich zwischen den USA und Kanada, im Gebiet der Großen Seen. Der amerikanische Fall ist 300 m breit und 61 m tief, der kanadische dagegen etwa dreimal so breit und 63,6 m tief. Rund 425 000 cbm Wasser stürzen in der Minute ab. »Ony-aka-ra«, donnernde Wasser, nannten die Irokesen das grandiose Naturschauspiel. Von den Indianern, nach deren Meinung die Wasserdämonen alljährlich zwei Menschenleben zu beanspruchen hatten, erfuhren die Weißen erste Einzelheiten über die Fälle. 1657 wurde das Naturwunder auf einer französischen Landkarte erwähnt. Erst zwanzig Jahre später drangen weiße Forscher an die Fälle vor, der französische Reisende La Salle und sein belgischer Begleiter Louis Hennepin, ein Franziskanermönch. Den ersten Berichten waren unglaubliche Dinge zu entnehmen. Das Wasser stürze sich zweihundert Meter tief in die Schlucht, schrieb einer, und ein anderer behauptete, man könne das Donnern der Fälle meilenweit hören.

Wie sind die Niagara-Fälle entstanden? Nordamerika war während der letzten Eiszeit von einem riesigen Gletscher bedeckt. Die am Südrand dieser Eismassen abschmelzenden Wasser bildeten ein Meer, das zunächst in den Golf von Mexico und später in den Atlantik abfloß. Aus noch nicht völlig geklärten Gründen blieben die Großen Seen als Überreste des eiszeitlichen Binnenmeeres zurück. Ein Landrücken trennte den tiefer gelegenen Ontariosee von den übrigen, nun abflußlosen Seen. Vom Eriesee aus entstand, dem Druck des Wassers nachgebend, eine Art Überlauf in den Ontariosee. Die abstürzenden Wassermassen gruben sich im Lauf der Jahrtausende in das Schiefer- und Kalkgestein des Landrückens ein. Befand sich der Absturz ursprünglich in nächster Nähe des Ontariosees, so wich er durch die Auswaschungen

Das Panorama der Niagara-Fälle. Links im Bild der kleinere amerikanische, rechts der größere kanadische Fall (Hufeisenfall).

allmählich immer weiter zurück und hinterließ einen Kanal, durch den das Wasser dem Ontariosee entgegenströmte.
Dieses Bild zeigt sich uns heute. In der Nähe des Eriesees fließt der Niagara bei einer Breite von ungefähr 1200 m noch verhältnismäßig ruhig. Einige Kilometer unterhalb des Sees teilt er sich in zwei Arme, die eine langgestreckte Insel umschließen. Sieben Kilometer vor den Fällen vereinigen sich die beiden Arme wieder. Die Trennung in einen kleineren amerikanischen und einen größeren kanadischen Fall beginnt erst unmittelbar vor dem Absturz. Aus dem Bett des reißenden Flusses ragt hier die Ziegeninsel (Goat Island), die fast ein Viertel der Strombreite von 1500 m einnimmt.
»Fassungslos steht der Mensch vor der mächtigen, sich herabwälzenden grünen Wand«, beschrieb es ein Reisender. Aber die abgestürzten Wassermengen beruhigen sich bald wieder. Unmittelbar vor den Fällen verkehrt ein kleiner Dampfer, die »Nebeljungfrau« (Maid of the Mist), von der aus sich die donnernden, sprühenden, zerstäubenden Wasser eindrucksvoll beobachten lassen. Sogar der strenge Karl Baedeker gestand diesem Fahrterlebnis zwei Sterne zu.
Tag und Nacht nagen die Wassermassen an der Absturzkante, die dadurch alljährlich um etwa einen Meter zurückverlegt wird. In einigen Jahrzehntausenden werden die Fälle den Eriesee erreicht haben. Die abstürzenden Felsmassen machen den Fachleuten Sorgen. Eines Tages, so befürchten sie, könnten sich vor allem die amerikanischen Fälle in eine langweilige Stromschnelle verwandeln, wenn nicht jemand auf einen guten Gedanken kommt, wie man den Schutt wegräumen könnte, der an manchen Stellen schon bis zur halben Höhe des Absturzes reicht.
Ein phantastisches Bild bieten die Fälle im Winter. Unterhalb des Absturzes friert der Niagara bis dicht an die Aufprallstelle des Wassers zu. Von oben stürzen Eisschollen über die Kante und türmen sich zu gewaltigen Eisbergen auf. »Kein Feenschloß, aus Kristall und Edelsteinen gebaut, kann schöner sein als diese Wirklichkeit«, beschrieb der Weltreisende Hans Bohrdt dieses Bild.
Die Ingenieure betrachten das Phänomen der Niagara-Fälle nüchterner. Für sie war es schon immer Verschwendung, die donnernden Wasser ungenutzt sechzig Meter tief hinabstürzen zu lassen. In den 90er Jahren des vergangenen Jahrhunderts wagte man den ersten Versuch, einen Teil der auf rund 50 Millionen PS geschätzten Energien zu bändigen. Man begnügte sich mit einem Turbogenerator von 5000 PS. Heute liefern die Fälle bereits rund 3 Millionen PS. Auf der amerikanischen Seite wurde der Fluß etwa 4 km oberhalb der Fälle mit einem Doppelkanal angezapft, der unterirdisch bis zu den 6 km unterhalb der Fälle liegenden Betriebsanlagen führt. Dreizehn Generatoren mit einer Leistung von je 150000 kW sind hier in Betrieb. Obwohl den Fällen das Wasser in erster Linie nachts und während der Wintermonate entnommen werden soll, verursacht die Krafterzeugung erhebliche Schwankungen im Wasserstand des Niagaraflusses. Der Höhenunterschied macht bis zu 10 m aus.
Die Touristen stört das nicht. Seit sowohl die USA wie Kanada rings um die Fälle Aussichtstürme bauten – zur Zeit sind es vier mit Höhen zwischen 90 und 150 m –, zieht man die bequeme Besichtigung des Naturschauspiels aus der Vogelperspektive der Wanderung in die gefährliche Nähe der donnernden Wasser vor.

Von oben nach unten: Hufeisenfall; einer der neuen Aussichtstürme auf der kanadischen Seite der Fälle; die amerikanischen Fälle im Winter; einer der Abenteurer, die sich die Fälle hinab treiben ließen (und den Sturz überlebten): der Kanadier Laussier wagte 1928 die Sturzfahrt im Gummiball. *Linke Seite:* Blick über die Hufeisenfälle zu den amerikanischen Fällen.

Der Wohnberg von Montreal

HABITAT

Wird man eines Tages Häuser am Fließband produzieren wie Autos? Moshe Safdie, der 28jährige, in Israel geborene Erfinder des Habitat-Wohnberges, der architektonischen Sensation der Weltausstellung 1967 in Montreal, ist davon überzeugt. »Wenn wir unsere Autos auf die gleiche Weise herstellen würden, wie wir Häuser bauen, könnten nur ganz wenige von uns sich ein Fahrzeug leisten«, meint er. Nach seiner Überzeugung gibt es keine andere vernünftige Lösung für das Wohnungsproblem als den Hausberg, die aus gleichförmigen, abwechslungsreich kombinierten Elementen zusammengesetzte Wohnpyramide.

Die kanadischen Behörden bewiesen Mut, als sie dem gerade erst »ausgelernten« Architekten Safdie die Chance gaben, sein Lieblingsprojekt zu verwirklichen. Safdie entwickelte als Grundelement einen Betonkasten von 12 m Länge, 6 m Breite und 3 m Höhe. 254 dieser 85 Tonnen schweren Einheiten wurden an Ort und Stelle aus Spezialbeton gegossen und zur Wohnpyramide aufeinandergetürmt – luftig, schwebend, auf den ersten Blick ein bißchen überraschend, aber bei näherer Betrachtung durchaus überzeugend.

Aus den 254 Betonkästen entstanden 158 verschieden große Wohnungen. Bei ihrer Anordnung war es Safdies Ziel, jedem Wohnraum ein Maximum an Sonnenbestrahlung zuteil werden zu lassen. Die Grundlagen für seine Sonnenforschung fand der junge Architekt in einem Botaniklehrbuch des britischen

Forschers D'Arcy Wentworth Thompson. Genügend Sonne bekommen auch die Gärten von Habitat. Jede Wohneinheit ist mit mindestens einer kleinen Gartenanlage ausgerüstet. Außerdem gibt es in dem zwölfstöckigen Wohnberg breite Straßen (bis zu 5 m) in luftiger Höhe, Spielplätze, Geschäfte und Gaststätten.

Die Habitat-Wohnstadt kostete 54 Millionen Mark. Für 158 Wohnungen ist das eine Menge Geld. Aber die übereinandergeschachtelten Betonkästen von Montreal sollen ja auch nur der Anfang sein. Schon plant Moshe Safdie eine 1000-Einheiten-Pyramide, 20 Stockwerke hoch, schon hat er mit Vertretern der indischen Regierung verhandelt – Indien hat in den nächsten 35 Jahren einen Bedarf von 200 Millionen Wohnungen. Safdie hat vorgeschlagen, sie nach dem in Montreal erprobten Verfahren zu produzieren.

Aber einstweilen sind die Diskussionen um Habitat noch in vollem Gang. Die Meinungen reichen von kategorischer Ablehnung bis zu der Überzeugung, Habitat sei ein Grund, nach Montreal zu ziehen – und bis zu dem hohen Lob, Moshe Safdie, einer der brillantesten Architekten der Welt, könne als rechtmäßiger Erbe Le Corbusiers gelten.

Oben: Kühn übereinandergeschachtelte Betonkästen – Habitat von unten.
Linke Seite: St.-Lorenz-Strom und Ausstellungsgelände *(oben)*; Wohnraum einer Habitat-Einheit *(links)*; »Hochstraßen« in luftiger Höhe des zwölfstöckigen Habitat-Berges *(rechts)*.
Vorhergehende Doppelseite: Habitat-Gesamtansicht mit St.-Lorenz-Strom.

Wahrzeichen der Superstadt

SKYLINE VON NEW YORK

Die Wolkenkratzer von New York seien so überdimensional, daß man sie unwillkürlich dem Überdimensionalen gegenüberstelle – das hat einmal ein Kenner der amerikanischen Superstadt, Stephen Potter, geäußert. »Ob man per Schiff oder im Flugzeug ankommt – der erste Anblick läßt sich nur an Meer oder Himmel messen. In unorganischem Wachstum hochgeschossen, taucht ihre Schar am Horizont des Schiffsreisenden auf, Emporkömmlinge aus dem Nichts, die sich zunehmend aufblähen, bis man sich den gewaltigen Exemplaren der Downtown von Manhattan gegenübersieht.«

Die Skyline von New York, in den letzten sechs Jahrzehnten entstanden, ist eine Ansammlung von Bürotürmen, die in der Welt nicht ihresgleichen hat, wenn sich auch von hier aus die Technik des Hochhausbaues über alle Länder verbreitete. Die Geburtsstätte des »Skyscrapers«, des Himmelsschabers oder Wolkenkratzers, stand allerdings nicht in New York, sondern in Chicago. Dort baute man schon 1884 das Home Insurance Building, ein Hochhaus nach einem Entwurf von Major Le-Baron Jenny. In New York verboten die Bauvorschriften das Überschreiten einer bestimmten Höhe. Erst nach Lockerung der Einschränkungen schossen auch auf der Halbinsel Manhattan die Turmhäuser in die Höhe. 1908 wurde das Hochhaus der Nähmaschinenfabrik Singer vollendet. Es war mit 47 Stockwerken und 187 m Höhe 18 Monate lang das höchste Bürogebäude der Erde. Dann wurde es vom fünfzigstöckigen Bau einer Lebensversicherung überboten, der es auf 213 m brachte.

Hohe Bauten waren schon im Altertum das Symbol von Macht und Stärke. Berühmtestes Beispiel ist der Turm zu Babylon. Im alten Rom gab es 35 m hohe Wohnhäuser mit 12 Stockwerken. Lange Zeit galt der Turm des Ulmer Münsters mit einer Höhe von 161 m als Grenze dessen, was die Bautechnik zuließ. Wäre man wesentlich höher gegangen, hätte das Eigengewicht des Materials dessen Festigkeit überbeansprucht. Die Fundamente wären von der riesigen Last des Überbaus zerdrückt worden. Wolkenkratzer konnte man deshalb erst bauen, als man es verstand, das tragende Gerüst des Hauses aus Stahlträgern zu errichten und die Wände lediglich einzuhängen. Hand in Hand mit der Erfindung des Stahlskelettbaues ging die Entwicklung des Betonbaues, der sich bald zum Stahlbetonbau fortbildete. Was sich mit Stahl alles anfangen ließ, hatte Gustave Eiffel beim Bau seines berühmten Turms vorexerziert. Die ersten amerikanischen Wolkenkratzer waren, bautechnisch betrachtet, Abkömmlinge des Eiffelturms.

Zu Beginn des ersten Weltkrieges gab es in New York schon zehn Bauwerke mit einer Höhe von über 700 Fuß (= 213 m). Viele große Firmen entwickelten in den kommenden Jahrzehnten den Ehrgeiz, das Stadtbild von New York mit einem eigenen Büroturm zu bereichern. 1930 wurde das Chrysler Building eingeweiht. Mit 77 Stockwerken und einer Höhe von 306 m übertraf es sogar den Eiffelturm. Ein Jahr später vollendete man das Empire State Building: 102 Stockwerke, 380 m hoch (mit der später aufgesetzten Fernsehantenne 448 m),

Skyline von New York mit dem 166 m hohen UN-Gebäude *(links)*.

6400 Fenster, 67 Aufzüge, Büro- und Geschäftsräume mit einer Fläche von 16,6 ha, Bauzeit etwas über ein Jahr, 3500 Arbeiter, Gewicht 308000 Tonnen, Fassungsvermögen etwa 50000 Menschen.
Damit war ein Höhepunkt erreicht, der nicht mehr übertroffen wurde, obwohl es bautechnisch keine Schwierigkeiten gemacht hätte, noch höhere Wolkenkratzer zu errichten. Es zeigte sich aber nun, daß der Hochhausboom zu einem Überangebot an City-Büroraum geführt hatte. Zehn Jahre dauerte es, bis alle Räume des Empire State Building vermietet waren. Die Wolkenkratzer waren unrentabel, wenn man sie zu hoch aufschießen ließ. Alle nach diesem Giganten gebauten Bürohochhäuser hielten sich in bescheideneren Grenzen – so das majestätische RCA-Building im Rockefeller Center (70 Stockwerke), das Lincoln Building (53 Stockwerke) oder das 166 m hohe, 39 Stockwerke umfassende Gebäude der Vereinten Nationen, eines der schönsten Bauwerke von New York.
Eine moderne Großstadt braucht Türme »als Akzente, gleichsam als Ausrufungszeichen« – so Wolf Schneider in »Überall ist Babylon«, seiner Kulturgeschichte der Stadt. »Hinter das Wort New York haben die New Yorker vielleicht ein paar Ausrufungszeichen zuviel gesetzt; aber wo sich Hochmut mit solcher himmelstürmenden Kühnheit paart, ist es überwältigend. Und am Ende können wir die Türme von New York als Gemeinschaftsreklame für unser Jahrhundert betrachten, das in seiner lebendigsten Stadt sich selbst darstellt.«
Das neben der »Himmelslinie« zweite Symbol der (mit allen Vororten) 15-Millionen-Stadt ist die Freiheitsstatue an der Einfahrt zum Hafen von New York. Sie wurde 1886 auf Bedloe's Island (heute Liberty Island) als Geschenk Frankreichs zur Hundertjahrfeier der amerikanischen Unabhängigkeitserklärung errichtet. Die 46 m hohe Göttin der Freiheit wurde von dem elsässischen Bildhauer Frédéric-Auguste Bartholdi nach römischen Vorbildern entworfen.
Gustave Eiffel steuerte die Berechnung für die Stahlkonstruktion bei, die das Riesenstandbild stützen sollte. Das Stahlgerüst wurde mit dicken, gehämmerten Kupferplatten umkleidet. Insgesamt brauchte man 300 Kupferteile, die zusammen über 100 Tonnen wogen. Die Herstellungskosten für die Statue, rund eine Million Mark, wurden von französischen Bürgern aufgebracht.
Der Bau des Fundamentes – es kostete nicht viel weniger als die Statue selbst – war Sache der Amerikaner. Sie errichteten auf Bedloe's Island einen 47 m hohen, sockelähnlichen Unterbau, auf den 167 Stufen führen. Im Juni 1885 brachte die »Isère« die sorgfältig in 214 Kisten verpackten Teile der Freiheitsstatue nach New York. Ein Jahr später wurde mit dem Aufbau des Denkmals begonnen. Die letzte Niete schlug man am 28. Oktober 1886 ein, anläßlich der feierlichen Einweihung des Denkmals durch Präsident Grover Cleveland. Am selben Tag leuchtete die Fackel in der hoch erhobenen Hand der Göttin zum erstenmal auf.
In späteren Jahren wurde die Freiheitsstatue zum Nationaldenkmal erklärt. An ihrem Fuß baute man ein Gebäude für das amerikanische Einwanderungsmuseum. 1965 bezog man das benachbarte Ellis Island, bis 1954 das berühmte Einwanderungszentrum der USA, in den Schutzbereich des »Statue of Liberty National Monument« ein und begann damit, die zweite Insel als Park und Museum auszubauen – für 6 Millionen Dollar.

Empire State Building *(oben)*, Blick vom RCA-Gebäude *(unten)*. *Rechte Seite:* Die Freiheitsstatue *(rechts unten)* ist eins der Symbole von New York. *Oben:* Besucher im Kopf der 46 m hohen Statue – er kann bis zu 40 Menschen fassen. *Unten links:* New York um die Jahrhundertwende.

Ein umherstreifender Jäger fand im Jahre 1809 durch Zufall im mittleren Kentucky, am Green River, den Zugang zu einer unterirdischen Höhle. Er konnte nicht ahnen, daß er damit den Anstoß zur Erschließung des größten Höhlensystems der Welt gegeben hatte. In fünf Stockwerken übereinander entdeckte man im Lauf der Jahre unterirdische Gänge, Säle und Schluchten mit einer Ausdehnung von über 240 km, fand herrliche Tropfsteine, skurrile Kalkstein- und Gipsformationen, ausgedehnte Flüsse, einen Bergsee, blinde Fische und Krebse und schließlich sogar, unter dem aufgehäuften Geröll verborgen, Knochenreste aus einer Zeit, als die Höhle Zufluchtsort von Urmenschen gewesen sein muß.

Die Mammut-Höhlen, das stellte sich bald heraus, waren keine Einzelerscheinungen, sondern gehörten zu

einem ausgedehnten Höhlengebiet, das bis heute noch nicht in allen Einzelheiten erforscht ist. Man schätzt, daß es in der Höhlenregion von Kentucky auf einer Fläche von etwa 25 000 qkm rund 60 000 Höhlen gibt. Die amerikanische Regierung hat dieses Gebiet zum »Mammoth Cave National Park« erklären lassen.

Ein »Ranger« (Parkaufseher mit polizeilichen Vollmachten) steuert das Boot bei der Fahrt auf dem unterirdischen »Echofluß« *(rechts)*. *Oben:* Der sogenannte »Vorhangraum«.

Fünf Stockwerke unter der Erde

MAMMUT-HÖHLEN

Prasidentengalerie aus Granit

MOUNT RUSHMORE

Fast fünfzehn Jahre dauerten die Arbeiten an Amerikas größtem Denkmal, der aus dem gewachsenen Granitfels gehauenen, gebohrten und gesprengten Präsidentengalerie in den Black Hills von South Dakota mit den Köpfen von Washington, Jefferson, Theodore Roosevelt und Lincoln. Gutzon Borglum, ein in den USA bekannter Maler und Bildhauer, hatte die Idee, es den alten Ägyptern, die Statuen und ganze Tempel aus den Felsenbergen am Nil herausgearbeitet hatten, gleichzutun. Warum sollte so etwas nicht auch in den USA möglich sein? Seine Wahl fiel auf den 2034 m hohen Mount Rushmore, dessen kahle Felstürme hoch über die Umgebung hinausragen.

Borglum hatte sich zunächst nur einen Präsidentenkopf vorgenommen. Einerseits war noch nicht zu übersehen, ob die Kosten für weitere Porträts aufzubringen sein würden, andererseits machte auch die Auswahl Schwierigkeiten.

1927 wurden die ersten Gerüste errichtet. Ein Heer von Arbeitern begann damit, die Porträtbüste des ersten Präsidenten der Vereinigten Staaten von Amerika, George Washington (1732–1799), aus dem Fels zu bohren und zu sprengen. Borglum überwachte die Arbeiten selbst und gab täglich auf dem Baugerüst an, wo man behutsam vorgehen und an welchen Stellen man in die Tiefe des Felsens eindringen müsse, um den fast 20 m hohen Kopf zu formen. Granitstaub machte den Arbeitern das Leben schwer; sie mußten Staubmasken tragen. Am Fuß des Bergmassivs sammelte sich das losgesprengte Geröll auf einer riesigen Schutthalde.

Als zweiter kam der Kopf Thomas Jeffersons, des dritten Präsidenten der USA (1743–1826), an die Reihe – leicht zurückgesetzt hinter dem Washingtonporträt, der natürlichen Berglinie folgend. Als man mit dieser Riesenbüste fertig war, schrieb man bereits 1936. Eine halbe Million Tonnen Granitgeröll lag am Fuß des Berges. Schon jetzt war das Riesenbildwerk ein starker Anziehungspunkt für Touristen. Allein 1936 kamen über 200000 Neugierige, und sogar der amtierende Präsident erschien an der Baustelle, um sich vom Fortgang der langwierigen Arbeiten zu überzeugen.

Theodore Roosevelt (1858–1919), 26. Präsident der USA, wurde für würdig befunden, als dritter großer Amerikaner auf dem Gipfel des Mount Rushmore verewigt zu werden. Schließlich entstand, etwas abgesetzt von der ersten Dreiergruppe, noch die Porträtbüste Abraham Lincolns (1809–1865), des 16. Präsidenten der Vereinigten Staaten. Gutzon Borglum erlebte ihre Fertigstellung nicht mehr. Er starb 1941, vierzehn Jahre nach Beginn der Arbeiten, die sein Sohn Lincoln bald darauf vollendete.

Heute kommen alljährlich über anderthalb Millionen Menschen in die Black Hills von South Dakota, um das »Mount Rushmore Memorial«, eins von fünfzehn Nationaldenkmälern der USA, zu bewundern. Der »Altar der Demokratie« ist zu einem der Wahrzeichen Nordamerikas geworden. Besonders stark wird der Besucherandrang, wenn in jedem Jahr angeseilte Bauarbeiter sich an die Arbeit machen, die streng und ein wenig pompös vom fast 2000 m hohen Rushmore-Gipfel herabblickenden Präsidentengesichter zu säubern und mit einer Mischung aus Granitstaub, Bleiweiß und Leinölfirnis auszubessern. Bei einer bearbeiteten Felsfläche von 90 m Höhe und 150 m Breite haben sie damit einige Wochen zu tun.

Arbeit am linken Auge Thomas Jeffersons *(oben)*. Gutzon Borglum (links im Bild) gibt Anweisungen. *Unten:* Borglums Kinder überzeugen sich vom Fortgang der Arbeiten – der zweite Kopf kurz vor der Fertigstellung. *Rechte Seite:* Reinigungs- und Reparaturarbeiten an den Mammutköpfen. *Vorhergehende Doppelseite:* Mount Rushmore in der Abendsonne. Von links: Washington, Jefferson, Theodore Roosevelt, Lincoln.

Die rätselhafte Schlucht

GRAND CANYON

Mein Name ist Lopez de Cárdenas, und dies habe ich zu berichten: Plötzlich hörte die Erde unter meinen Füßen auf. Ich blickte hinab und sah einen Abgrund, so tief, so gewaltig, daß mir die Worte fehlen, ihn zu beschreiben. Unten auf dem Grund der Schlucht blinkte der Rote Fluß, der Rio Colorado . . .«

Garcia Lopez de Cárdenas war der erste Weiße, der den Grand Canyon beschrieb. Er suchte als Teilnehmer an einer Expedition seines Landsmannes Vasquez de Coronado nach Gold und fand ein Naturwunder. Sein Bericht stammt aus dem Jahre 1542. Es dauerte noch über 300 Jahre, bis die geheimnisvolle Schlucht näher untersucht wurde. Der amerikanische Major J. W. Powell unternahm 1869 eine tollkühne Stromfahrt vom Green River bis zum Virgin River und schrieb ein berühmt gewordenes Buch darüber.

Der Canyon, in den zahlreiche Nebenschluchten münden, ist 350 km lang und zwischen 1200 und 1500 m tief, je nach dem Niveau des Plateaus, das er durchschneidet. Die Kölner Domtürme hätten also fast zehnmal übereinander Platz. Die Breite des keilförmigen Einschnitts schwankt zwischen 6,5 und 29 km. Das bis zu 90 m breite Flußbett in der Tiefe bildet nur einen schmalen Kanal, eine Röhre, spanisch Cañon und englisch Canyon. Durch diese Röhre strömt der Colorado, den man in der Tiefe wie ein silbernes Rinnsal blinken sieht, gemächlich dem Golf von Kalifornien zu. Nur bei Hochwasser, wenn der Flußspiegel um Dutzende von Metern steigt, kann man sich

einen Begriff davon machen, wie es dem Colorado im Lauf der Jahrmillionen gelungen sein könnte, sein tief in die Erdkruste gespültes Bett zu schaffen.
Man nimmt an, daß sich das ganze Coloradoplateau zur Zeit des Eozäns, also vor etwa fünfzig Millionen Jahren, bedeutend gehoben hat. Dazu scheint eine besonders starke Wasserführung des Flusses, vor allem während der Eiszeit, gekommen zu sein. Wasser und mitgeführtes Geröll schliffen den weichen Gesteinsuntergrund aus und gruben ein schluchtartiges Flußbett. Die Trockenheit sorgte dafür, daß sich die Steilwände nicht zu einem breiten, behäbigen Tal auswuschen, sondern in ihrer urtümlichen Schroffheit erhalten blieben.
Die in schwindelnde Tiefen abstürzenden Felswände, Türme und Zacken bieten einen geologischen Anschauungsunterricht, wie man ihn sich eindrucksvoller nicht vorstellen kann. Vom Kambrium bis zum Tertiär sind alle Formationen in diesem gigantischen Aufschluß vertreten. Die nackten Felsflächen überraschen mit einer Farbenpracht ohnegleichen.
»Wenn ich Amerikaner wäre«, sagte der englische Dichter J. B. Priestley, »würde ich mich bei allem anderen in diesem Land fragen: Ist das gut genug, um in demselben Land zu existieren wie der Canyon?«

Auf einem Indianertrail *(oben)* kann man auf den Canyon-Grund reiten. *Linke Seite:* Wie ein winziger Bach schlängelt sich der Colorado durch die Schlucht des Canyons *(links). Unten rechts:* Schema des Canyons aus einem alten Geographiebuch. *Oben rechts:* Navajo-Indianer.

Das größte Fernrohr der Welt

MOUNT PALOMAR

Auf dem 1700 m hohen Mount Palomar in Kalifornien erhebt sich ein leuchtender, weithin sichtbarer Kuppelbau. Tagsüber ist die 41 m hohe Kuppel geschlossen. Erst in der Nacht beginnt sich die mächtige Halbkugel lautlos zu drehen, ein breiter Spalt öffnet sich und gibt den Blick frei auf ein Gewirr von Rohren, Verstrebungen und Trägern. Das Riesenteleskop vom Mount Palomar nimmt seine Arbeit auf. Mit seinem berühmten 5-Meter-Spiegel erlaubt es einen Blick in den Weltraum, der auch Sternsysteme in einer Entfernung von 2 Milliarden Lichtjahren noch erreicht. Man könnte mit diesem größten Fernrohr der Welt eine brennende Kerze aus einer Entfernung von 30000 km beobachten.

Das astronomische Fernrohr ist eine verhältnismäßig junge Erfindung. Mit den ersten Fernrohren aus dem 17. Jahrhundert gelang es, drei Jupitermonde zu entdecken und die Sterne des Milchstraßensystems zu erforschen. Im Lauf der Jahrhunderte bemühte man sich, immer größere Linsenfernrohre (Refraktoren) zu konstruieren. Über einen Objektivdurchmesser von etwa einem Meter kam man dabei aber nicht hinaus. Linsen von dieser Größe lassen sich nur schwer schleifen. Außerdem besteht die Gefahr, daß sie sich durchbiegen, da sie vom Fernrohrtubus nur an ihrem Rand festgehalten werden.

Man dachte deshalb schon früh daran, die vergrößernden Eigenschaften des Hohlspiegels auszunützen. So entstanden die Spiegelteleskope (Reflektoren). Da deren Spiegel nicht wie Linsen frei eingehängt, sondern mit der ganzen Fläche gelagert werden, konnte man sich an größere Durchmesser heranwagen und damit wesentlich lichtstärkere Instrumente bauen. In den USA goß man 1901 einen 60-cm-Spiegel. 1917 folgte der erste 2,50-m-Spiegel, das Hooker-Teleskop des Mount-Wilson-Observatoriums.

Direktor des Wilson-Observatoriums war damals der Astrophysiker George Ellery Hale (1868–1939), der sich unter anderem durch den Nachweis der in Verbindung mit Sonnenflecken auftretenden Magnetfelder einen Namen gemacht hatte. Hale regte den Bau eines Teleskops mit einem 7,50-m-Spiegel an. Dazu kam es aber dann

Der 41 m hohe Bau des Mount-Palomar-Observatoriums mit geschlossener Kuppel.

doch nicht – man begnügte sich mit einem 5-m-Spiegel, dessen Herstellung schon schwierig genug war. Die Rockefeller-Stiftung stellte 6 Millionen Dollar dafür zur Verfügung.
Mit dem Guß eines so großen Spiegels hatte man keine Erfahrungen. General Electric führte Versuche mit Quarzglas durch, die 639000 Dollar verschlangen, aber zu keinem brauchbaren Ergebnis führten. Nun bemühten sich die Corning-Glaswerke, einen Spiegel aus Pyrex herzustellen. Sie begannen mit kleineren Spiegeln und tasteten sich langsam zur gewünschten Größe vor. Der erste Guß mißlang, weil die ungeheure Hitze von 1350° C die Form unbrauchbar machte. Erst der zweite Versuch vom 2. Dezember 1934 führte zum Ziel.
Acht Monate mußte der Spiegel abkühlen. Dann schaffte man die 20 Tonnen schwere Scheibe nach Pasadena und begann mit der mühseligen Schleifarbeit. Inzwischen wurde auf dem Mount Palomar das Observatorium gebaut. Dreizehn Jahre nach dem Guß, im November 1947, konnte man den geschliffenen und polierten Spiegel auf einer eigens angelegten Straße zum Observatorium schaffen und einbauen. Es dauerte noch drei Jahre, bis der Riese vom Mount

Palomar in vollem Umfang in Betrieb genommen werden konnte. Das 500 Tonnen schwere Teleskop folgt den Sternbewegungen spielend. Um es in Bewegung zu setzen, genügt ein Elektromotor mit 60 Watt Leistung.

Lord Rosses Riesenteleskop *(oben)*, ein Palomar-Vorläufer. *Unten rechts:* Der Riesenspiegel vor dem Einbau. *Oben rechts:* Kuppel mit geöffnetem Beobachtungsspalt.
Rechte Seite: Das 500 t schwere Hale-Teleskop *(unten)*; Aufnahme des 1300 Lichtjahre entfernten großen Orionnebels *(oben)*.

Amerikas Wunderland

YELLOWSTONE-NATIONALPARK

Zunächst pusten an der Öffnung ein paar Wasserstrahlen auf. Es ist wie der Versuch einer überheizten Maschine, ein Ventil zu sprengen. Aus der Tiefe dringt ein Ächzen, Stöhnen an unser Ohr, als ob Riesenmächte die Sprengarbeit hindern wollten. Aber die Dampfkraft ist stärker, der Versuch glückt. Plötzlich steigt eine Dampfsäule auf, und ihr folgt ein Wasserstrahl, 40 bis 50 Meter hoch, breit wie eine Wand, mit einer Siedehitze von über 100 °C. Rasch, wie sie aufgestiegen, sinkt sie wieder herab, nur vier Minuten hat alles gedauert. Es ist wieder still über dem Erdspalt, an dem eben noch entfesselte Mächte ihr Riesenspiel getrieben haben.«

So beschreibt ein Reisender aus der Zeit der Jahrhundertwende, Hermann Dalton, einen Ausbruch des Old-Faithful-Geisers im Yellowstone-Gebiet. Von den mehr als 10000 heißen Quellen des ältesten Nationalparks der USA (seit 1872) ist der »alte Getreue« unter den Geisern – seine Entdecker nannten ihn so wegen seiner pünktlich im 65-Minuten-Abstand erfolgenden Ausbrüche – der für das Publikum interessanteste Punkt des an Naturwundern nicht gerade armen Parks. Über 25000 Eruptionen der heißen Springquelle wurden in den vergangenen 85 Jahren registriert. Immer war Old Faithful pünktlich, von unwesentlichen Zeitdifferenzen abgesehen, und bei jedem Ausbruch spie der Geiser Wassermengen von rund 50000 l in die Luft, die dann vom Firehole River, dem Feuerloch-Fluß, mitgenommen wurden.

Das Zentrum des 9000 qkm großen Nationalparks ist ein in 2000 bis 2400 m Höhe gelegenes Senkungsfeld vulkanischen Ursprungs in den Rocky Mountains, dem nordamerikanischen Felsengebirge. Tätige Vulkane gibt es hier schon seit der Tertiärzeit nicht mehr, dafür aber Unmengen von heißen Quellen der verschiedensten Erscheinungsformen. Manche sehen aus wie wassergefüllte Schalen, aus manchen fließt perlendes Wasser über schneeweiße, gelbe, braune oder ockergelbe Kalksinterterrassen. Es gibt aber auch Schlammquellen, »grauenhaft und abstoßend, als ob sie aus Dantes Inferno hierher versetzt worden wären ... Da und dort hebt sich der Schlammgrund wie der dicke Brei einer Kalkgrube; es bilden sich schmutzige, dampfende Blasen, die durchbrechen und ein schlammiges Wasser auswerfen; aber dies alles in so großen Umrissen, als wolle sich der Kopf eines Verdammten aus dem Pfuhl emporarbeiten« (Dalton).

Der Yellowstone-Park hat aber noch mehr zu bieten. In seiner Mitte liegt der bis zu 100 m tiefe, 363 qkm große Yellowstone-See, Nordamerikas größter Bergsee. Der Yellowstone River durchzieht das Gebiet in einer 39 km langen Schleife. Er hat im Lauf der Jahrtausende einen bis zu 360 m tiefen Canyon in das vulkanische Gestein gefressen. Zwei Wasserfälle unterbrechen seinen Weg, der größere der beiden stürzt aus einer Höhe von 100 m in die hier besonders enge Schlucht.

Für die Benutzung des Nationalparks gibt es strenge Regeln, deren Einhaltung – wie bei allen anderen Parks der USA – von den »Rangers«, mit Polizeigewalt ausgestatteten Wächtern, kontrolliert wird. In den ersten Jahren sorgten Kavallerieeinheiten der amerikanischen Armee für Ordnung. Das Fischen im Yellowstone-See ist erlaubt. Dagegen achten die Rangers streng darauf, daß dem reichen Wildbestand – unter anderem gibt es Bären, Rotwild, Elche, Bergschafe und Bisons – kein Leid geschieht.

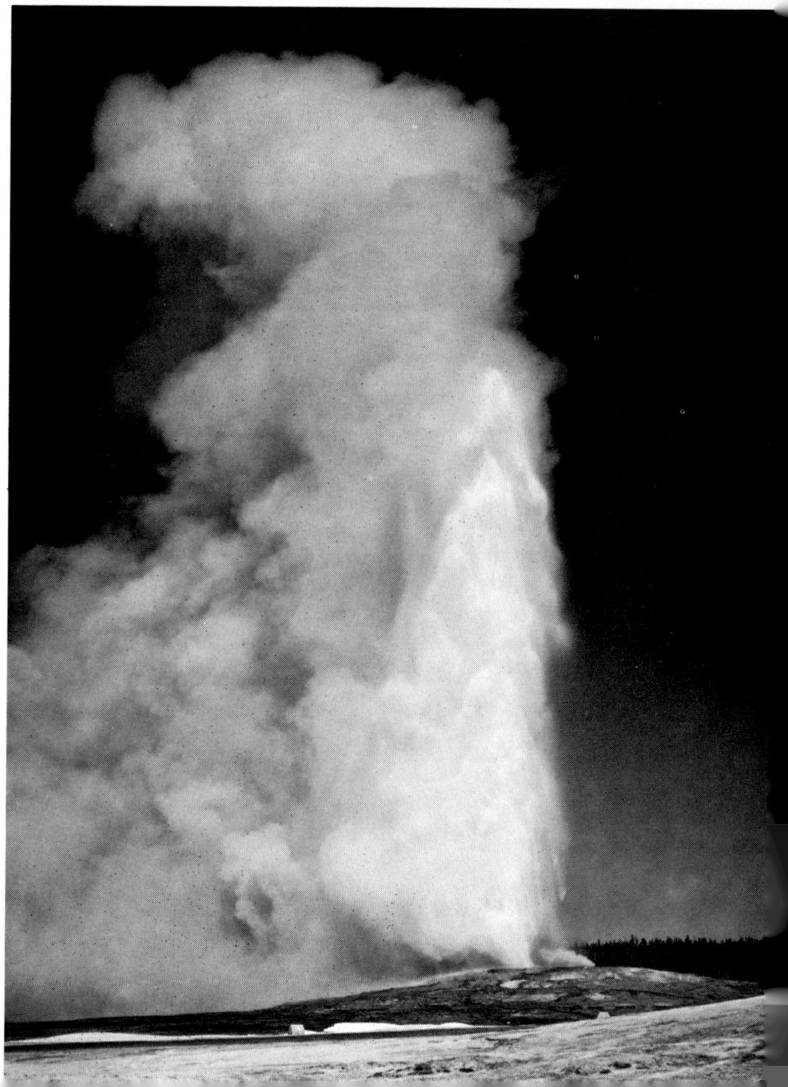

Oben: Wasserfall und Canyon des Yellowstone-Flusses im Nationalpark.
Unten: Old Faithful bei einem Ausbruch – pünktlich wie eine Uhr.
Rechte Seite: Farbenzauber der Natur, erzeugt von mineralhaltigem Wasser *(oben). Untere Reihe v. l.:* Dämpfe zwischen Sträuchern und Bäumen; Schwefelsee; vom Minerva-Geiser aufgebaute Gesteinsterrassen.
Vorhergehende Doppelseite: »Große Terrasse« bei Mammoth Hot Springs.

Der Weltraumbahnhof

KAP KENNEDY

Kap Kennedy auf der Halbinsel Florida – das ist mehr als der wichtigste Startplatz für bemannte oder unbemannte Raumflugkörper der Vereinigten Staaten, es ist der Mittelpunkt und das Symbol einer technisch-wissenschaftlichen Entwicklung, deren Ausmaße jedes Vorstellungsvermögen übersteigen, deren Aspekte man nur atemberaubend nennen kann. Kap Kennedy heißt das Schlüsselwort für den Wettlauf zum Mond, zu dem die USA und die UdSSR angetreten sind.

Das Zeitalter der Raumfahrt begann – nach ersten Versuchen mit Höhenraketen zur Erforschung der Atmosphäre – mit dem Start des ersten Erdsatelliten, Sputnik I, durch die UdSSR im Oktober 1957. Seither wurden zahlreiche unbemannte Raumflugkörper gestartet – Forschungssatelliten mit wissenschaftlichen Meßaufgaben, Nachrichtensatelliten für die transkontinentale Übermittlung von Ferngesprächen und Fernsehprogrammen, Wettersatelliten für die Beobachtung des großräumigen Wettergeschehens, schließlich Raumsonden für die Erforschung des interplanetarischen Raumes.

Die Erfahrungen mit den unbemannten Flugkörpern der Weltraumforschung lieferten die Grundlagen für den bemannten Raumflug. Sein Nahziel – die USA hoffen es noch in diesem Jahrzehnt zu erreichen – ist die Landung auf der Mondoberfläche (Apollo-Programm), sein Fernziel die »Entwicklung und Herstellung jenes Raumfahrtsystems, das in künftigen Jahren gebraucht wird« – so James E. Webb,

Chef der NASA, der amerikanischen Raumfahrtbehörde. Alle bisher durchgeführten bemannten Raumflüge – als erster umkreiste der sowjetische Kosmonaut Jurij Gagarin am 12. April 1961 die Erde, als zweiter der Amerikaner Alan Shephard drei Wochen später – sind als Vorbereitungen für den Flug zum Mond und zu anderen Himmelskörpern zu werten.
Die USA begannen mit dem Merkur-Programm. Sie schossen in den Jahren 1961 bis 1963 sechs je 1,2 t schwere Flugkörper in die Erdumlaufbahn, jeweils mit einem Piloten besetzt. Das anschließende Gemini-Programm wurde 1965 mit dem ersten amerikanischen »Zwillingsflug« der Astronauten Grissom und Young eröffnet. Die verwendete Zweimann-Kapsel wog 3,2 t. Bis zum Abschluß dieses Programms im November 1966 fanden zehn Raumflüge statt, der längste dauerte 330 Stunden. Für die geplante Mondlandung ist vor allem die im Rahmen dieses Programms erprobte Rendezvous-Technik, d. h. das Zusammentreffen und die Verbindung zweier Raumflugkörper in der Erdumlaufbahn, von entscheidender Wichtigkeit. Eine Annäherung bis auf 30 cm gelang den Flugkörpern Gemini 6 und 7 erstmals im Dezember 1965.

Linke Seite v. o.: Montage von Saturn-I-Raketen; Transport einer Saturn-Rakete auf dem Tennessee-River; Kontrollraum für die Saturn-Erprobung. *Mitte:* Saturn-Abschußbasis im Bau. *Oben:* Start einer Titan-II-Rakete am 3. Juni 1965 mit den Astronauten McDivitt und White (Gemini-Programm). *Vorhergehende Doppelseite:* Kap Kennedy mit der 175 m hohen Montagehalle für Raketen und der zur Abschußbasis führenden Spezialstraße.

Gegenüber dem technischen, finanziellen und organisatorischen Aufwand der dritten amerikanischen Raumflugserie, des Apollo-Programms, treten die in früheren Jahren unternommenen Anstrengungen, so gigantisch sie sich im einzelnen ausnehmen, weit in den Hintergrund. Für die Erfüllung der Aufgabe, drei Menschen auf den Mond zu befördern, setzte die amerikanische Regierung etwa 20000 Firmen und rund 400000 Menschen ein. Täglich werden für dieses Programm rund 50 Millionen Mark ausgegeben. Die Raumfahrtindustrie ist heute schon einer der größten Industriezweige der USA. Ihre Arbeit dient nicht nur dem unmittelbaren Ziel der Weltraumerforschung, sie wirkt sich in ungeahntem Ausmaß befruchtend auf viele andere Zweige der Technik aus.

Von Programm zu Programm wurden die Raumkapseln größer und schwerer, die Raketen schubkräftiger. Die 30 m langen Atlas-Raketen des Merkur-Programms konnten eine Kapsel bis zu 1,2 t Gewicht tragen, die 27,5 m langen Titan-II-Raketen des Gemini-Programms waren auf Kapseln bis zu 3,6 t eingerichtet. Für Apollo-Vorarbeiten wurden zwei Typen der Saturn-Rakete mit 36,5 bzw. 43 m Länge und 10 bzw. 18 t Tragfähigkeit konstruiert. Den vorläufigen Höhepunkt wird die 111 m hohe Saturn-V-Rakete mit einer Tragkraft von 126 t bilden, ein Raketengigant vom Gewicht eines kleinen Kreuzers, ausgerüstet mit einer Start-Schubkraft von 150 Millionen PS, gebaut zum Stückpreis von 400 Millionen Mark.

Kap Kennedy ist auf dieses Monstrum (und auf noch höhere Raketen) eingerichtet. Auf der ehemaligen Orangeninsel Merrit Island wurde eins der höchsten Gebäude der Welt aus dem Boden gestampft, eine Montagehalle für Raketen mit einer Grundfläche von 170 × 235 m und einer Höhe von 175 m – ausreichend, um den ganzen Kölner Dom darin aufzubauen. Unübersehbar groß ist die Zahl der Werkstätten und Prüfzentren, Schaltzentralen und Überwachungsräume, Montagegerüste und Testeinrichtungen. Höchste Präzision ist oberstes Gesetz beim Zusammenbau der turmhohen Raketengiganten. »Die einzelnen Bauteile werden bis auf zwei tausendstel Millimeter genau geschliffen, elektronische Schaltelemente unter dem Mikroskop zusammengesetzt, Drähte von einem Achtzehntel der Dicke eines Frauenhaars automatisch verlötet. In manchen vollklimatisierten Werkstätten sorgen Spezial-Luftfilter für eine fast antiseptische Reinlichkeit. Die Überwachungsanlagen schlagen schon Alarm, wenn Staubkörnchen von wenigen tausendstel Millimeter Größe in den Raum dringen« (Heinrich Rieker).

Ein Raupenfahrzeug, das größte der Welt, wurde für den Transport der Mondrakete konstruiert. Es wird die Saturn V einschließlich Halteturm und Raumkapsel über eine nur zu diesem Zweck angelegte Straße mit 2,5 m dicker Stahlbetonfahrbahn zur Abschußrampe an der Küste bringen. Die Apollo-Kapsel besteht aus drei Teilen. Im Kommandoteil reisen die drei Astronauten zum Mond, den sie in einer Satellitenbahn umkreisen werden. Zwei der beiden Piloten steigen dann in das angebaute Mondlandegerät (Lunar Excursion Module) um, setzen auf der Mondoberfläche auf, bleiben dort einige Stunden und kehren wieder in die Umlaufbahn zurück. Nach der Koppelung mit der Kommandokapsel tritt der dritte Teil des Flugkörpers, das Triebwerk, in Funktion und bringt die Astronauten zur Erde zurück. Geschätzte Kosten für das Apollo-Programm: 120 Milliarden Mark.

Linke Seite: Das Rote Meer (links) mit der Südspitze der arabischen Halbinsel (oben), Äthiopien und Somalia (unten), aufgenommen beim Flug von Gemini 11 *(Bild oben)*. Gemini 11 überfliegt mit der angekoppelten Agena-Rakete die Bucht von La Paz auf der Halbinsel Kalifornien *(Bild unten)*. White beim ersten amerikanischen Weltraumausflug mit Gemini 4 *(oben)*. Landung der Gemini-4-Kapsel *(links)* mit White und McDivitt.

Der Welt berühmteste Hängebrücke

GOLDEN GATE BRIDGE

San Francisco, die »Königin des Pazifiks«, ist die nach Los Angeles zweitgrößte Stadt an der nordamerikanischen Westküste. Sie liegt auf einer Halbinsel, die wie ein mächtiger Sperriegel den größten Teil der 90 km langen, bis zu 20 km breiten Bucht von San Francisco vom offenen Meer abtrennt. Ein Meeresarm, nicht viel breiter als 1 km, führt aus dem Pazifik in die Bucht. Seine engste Stelle ist das berühmte Goldene Tor, das »Golden Gate«, von der Golden Gate Bridge überspannt. Bis 1965 konnte sie den Ruhm für sich in Anspruch nehmen, die längste Hängebrücke der Welt zu sein – dann wurde sie von der Verrazano-Narrows Bridge in New York um 18 m Spannweite übertroffen.

Ursprünglich gab es auf der hügeligen Halbinsel nur eine im 18. Jahrhundert gegründete Missionsniederlassung der Franziskaner. 1848 zählte der nicht weit davon entstandene Ort 500 Einwohner, zwei Jahre später schon 25000. In der Zwischenzeit hatte man am Sacramento Gold gefunden. Die Digger strömten in hellen Scharen nach San Francisco, das sich zu einem schnell aufschießenden Goldgräberzentrum mit rauhen Sitten entwickelte. Die immer mehr anwachsende Stadt – um die Jahrhundertwende wurde die Einwohnerzahl von 300000 überschritten – dehnte sich bald auch auf die südlich und östlich der Bucht gelegenen Küsten aus. Man war gezwungen, quer über die Bucht eine Brücke zu bauen, wenn man riesige Umwege auf der Küstenstraße vermeiden wollte. So entstand der Plan zur Oakland-Hängebrücke, die 1905

begonnen wurde – 3 km lang, aus 190000 t Stahl und 163000 t Zement errichtet, ein Gigant unter den Brücken, bedeutend länger als ihr Vorbild, die von dem aus Mühlhausen in Thüringen stammenden Ingenieur John Röbling konstruierte, oft als achtes Weltwunder bezeichnete Brooklyn Bridge in New York. Ein Jahr später, am 18. April 1906, wurde San Francisco von einem katastrophalen Erdbeben heimgesucht, dem sich ein Großbrand anschloß, und fast völlig zerstört. 452 Menschen starben unter den Trümmern. Man ging in den folgenden Jahren daran, die Stadt wieder aufzubauen – großzügiger und prächtiger denn je. In den dreißiger Jahren wurde der Plan diskutiert, das Goldene Tor durch eine Hängebrücke zu überspannen. Viele Fachleute hielten es für unmöglich, eine Brücke mit der gigantischen Spannweite von 1280 m zu bauen. Vor allem befürchtete man, ein neues Erdbeben könne die Trägertürme zerstören. Aber die insgesamt 2,2 km lange Golden Gate Bridge entstand doch. Man hängte die 91 cm dicken Hauptkabel an 210 m hohen Türmen auf und befestigte daran die 24 m breite Fahrbahn. 1937 konnte man sie einweihen – »ein großartiges Monument in einem großartigen Panorama aus Stadt, Meer und Bergen«. Und heute diskutiert man die Möglichkeit, sie mit einer zweiten Fahrbahn zu versehen.

Oben: Oakland-Hängebrücke (Bay-Bridge) über die Bucht von San Francisco. *Linke Seite:* Das Goldene Tor mit der Golden Gate Bridge *(oben)*. *Untere Reihe v. l.:* Blick auf die Brücke von einem der 210 m hohen Türme; Turmkonstruktion; Schnitt durch das Hauptkabel (Durchmesser 91 cm).

Die Maiskolbenhäuser von Chicago
MARINA CITY

Chicago, an Hochhäusern nicht gerade arm, hat ein neues Wahrzeichen bekommen: Marina City, zwei 170 m hohe Wolkenkratzer von eigenwilliger Konstruktion und Gestalt. Die 60stöckigen Turmhäuser, von den Bewohnern der Stadt »Maiskolben« oder »Getreidesilos« genannt, bestehen aus 12 m dicken Stahlbetonkernen mit daran aufgehängten Wohnungen. In den Betonkernen sind Fahrstühle, Treppen, Müllschächte und Versorgungsleitungen untergebracht. Durchmesser der Türme: etwa 30 m.

Jedes Stockwerk ist in 16 gleichgroße Sektoren aufgeteilt. Zu jedem Abschnitt gehört ein Balkon. Die Sektoren lassen sich auf verschiedene Weise kombinieren – es gibt Wohnungen aus einem Abschnitt, aus anderthalb oder zweieinhalb Abschnitten. Ein normales Appartement

besteht aus Diele, Bad, Küche und einem großen Wohnraum, hat eine Fläche von etwa 30 qm und ist zugeschnitten wie ein Tortenstück.

Komfort ist selbstverständlich: Kühlschrank, Elektroherd, Einbauschränke, Klimaanlage. Die beiden Häuser mit ihren 912 Appartements, die von rund 2000 Menschen bewohnt werden, bilden eine kleine Stadt für sich. Ihrem Bedarf dienen eigene Gaststätten, Läden, eine Bankfiliale und ein Reisebüro. Im Erdgeschoß wurde

ein Hafen für private Motorboote eingerichtet, mit denen man den Michigansee über den Chicago River schneller erreicht als auf den ständig überfüllten Straßen. Und selbstverständlich fehlt es nicht an Parkgelegenheiten. Die unteren 20 Stockwerke der beiden Türme bieten Platz für 1000 Kraftfahrzeuge.
Die Wohnungen beginnen erst im 21. Stockwerk. Je höher sie liegen, desto teurer sind sie. Marina City ist nur etwas für Leute mit dicken Brieftaschen. Der Komfort, die prominente Adresse, die herrliche Lage wollen bezahlt werden. Ein Junggesellenappartement, für das man im 21. Stock 115 Dollar berappen muß, kostet im 52. Stockwerk schon 180 Dollar. Die teuerste Wohnung mit zweieinhalb Zimmern schlägt – einschließlich Garage und Strom – mit umgerechnet 1600 Mark monatlich zu Buch. Im Preis inbegriffen ist die

prächtige Aussicht auf die zweitgrößte Stadt der USA (6,2 Millionen Einwohner), die sich über 100 km weit am Michigansee ausdehnt. Um Superlative nicht verlegen, erklärten die Erbauer ihre Turmhäuser zu den höchsten Wohntürmen der Welt. Nicht zu Unrecht: alle höheren Bauten sind Bürohäuser.

Die Wohntürme von Marina City *(links außen* und *links)* im Stadtbild von Chicago – für den Fotografen ein reizvolles Objekt *(oben)*.

Griechenland der Neuen Welt« nannten Historiker das Maya-Reich, das sich in präkolumbianischer Zeit über die mexikanische Halbinsel Yucatán und die im Süden angrenzenden Gebiete erstreckte. Manche der bisher in dieser Landschaft ausgegrabenen über 130 Kultstätten erinnern in ihrer Großartigkeit wirklich an die Akropolis von Athen. Bei der ersten Begegnung mit Chichen Itzá, der Tempelstadt im Norden von Yucatán, denkt man eher an die Riesenbauten von Angkor in Kambodscha, die einzige Anhäufung gewaltiger Ruinen, die Chichen Itzá an Ausdehnung übertrifft.

Die Maya, denen der Ursprung des Kultbezirks von Chichen Itzá zu verdanken ist, bewohnten ursprünglich, zur Zeit des vom 5. Jahrhundert v. Chr. bis zum 6. Jahrhundert n. Chr. dauernden Alten Reiches, den Süden Mittelamerikas, etwa im Bereich von Tabasco, Chiapas, Guatemala und Honduras. Dann gaben sie ihre Tempelbezirke mit mächtigen Terrassen- und Pyramidenbauten auf und zogen weiter nach Norden, in das Kernland der Halbinsel Yucatán. Warum diese Wanderung stattfand, blieb bis heute ungeklärt. Vielleicht hatte sich im alten Siedlungsgebiet die Fruchtbarkeit des mit primitiven Werkzeugen bearbeiteten Bodens erschöpft, vielleicht brach eine Epidemie aus oder änderte sich das Klima.

Die nun bevorzugte Landschaft wies jedenfalls keinerlei Reize auf, die zum Städtebau verlockt hätten. Die Maya zogen in eine teils von ödem Karst, teils von wucherndem Urwald bedeckte Gegend, in der es nur wenig Wasser gab. Die neuen Tempel entstanden deshalb in der Nähe von Wasserstellen. Zu Schwerpunkten des Neuen Reiches wurden neben der Metropole Chichen Itzá die Kultzentren Uxmál und Mayapán. Man baute sie nicht weniger prächtig aus als die verlassenen Orte.

»Es muß einmal eine Zeit gegeben haben, in der diese weitläufigen öffentlichen Gebäude im Herzen großer, dichtbewohnter Städte standen; eine Zeit, in der jene Städte inmitten wohlbestellter Felder lagen«, vermutete Arnold Toynbee angesichts der Maya-Ruinen. Nach neueren Erkenntnissen war das aber nicht der Fall. Chichen Itzá wurde in der noch heute erkennbaren Gestalt lediglich

Der von den »Tausend Säulen« umgebene Tempel der Krieger von Chichen Itzá.

Ruinenstadt von Yucatán

CHICHEN ITZÁ

als Kultstätte und Verwaltungszentrum errichtet, bewohnt nur von der Priesterschaft und dem Adel. Das Volk besaß keine Steinbauten, es siedelte sich in Holzhütten außerhalb des Tempelbereichs an, der nur anläßlich der großen religiösen Zeremonien besucht wurde.

Als die Spanier ins Land kamen, war Chichen Itzá schon ein Ruinenfeld, das der Urwald allmählich wieder in Besitz nahm. Erst vor knapp hundert Jahren begann man sich für die versunkenen Maya-Tempel zu interessieren. Chichen Itzá wurde freigelegt und restauriert. Viele der alten Inschriften und Symbole konnten entziffert werden. Man fand die Auffassung bestätigt, daß die Maya gewissermaßen unter einer religiösen Diktatur des Kalenders gelebt und gezittert hatten. Komplizierte Zeitberechnungen der Priester bestimmten die günstigsten Termine aller Entscheidungen im Leben des Volkes. Alle Zeitperioden – unseren Wochen oder Monaten vergleichbar – waren vergöttlicht. Darüber hinaus hinterließen die Priester unglaublich genaue Berechnungen des Venus-Umlaufs und der bevorstehenden Sonnenfinsternisse. Andererseits kannten die Maya weder das Rad noch den Pflug oder die Waage.

Bei der näheren Untersuchung entdeckten die Archäologen fremde, nicht der Maya-Kultur entstammende Stileinflüsse an den meisten Bauten von Chichen Itzá. Es stellte sich heraus, daß der Tempelbezirk vom 10. Jahrhundert n. Chr. ab unter der Herrschaft eines kriegerischen Stammes der Tolteken gestanden hatte. Sie errichteten die dem Cuculcan geweihte

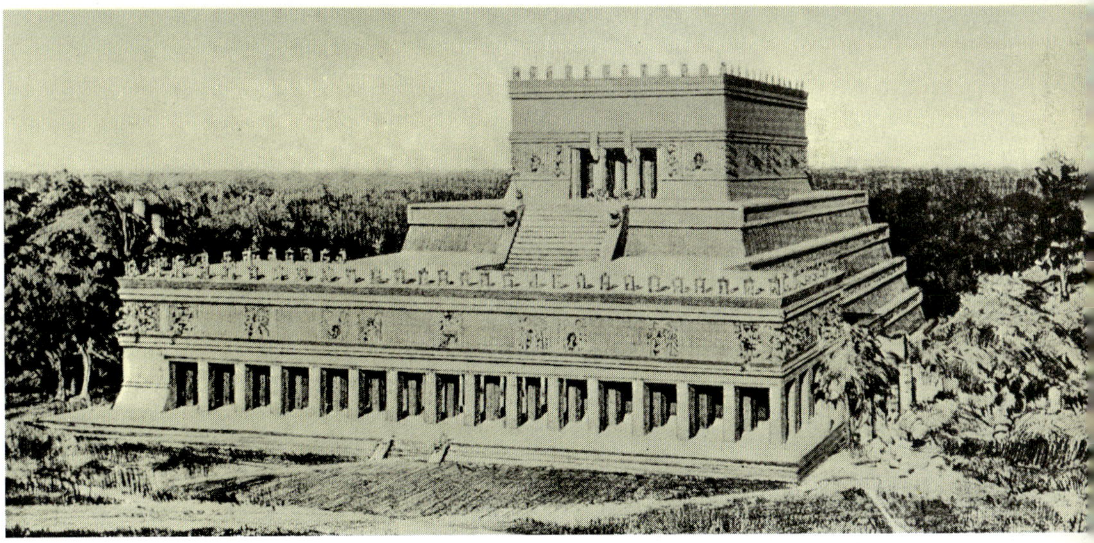

große Pyramide (»El Castillo«) im Mittelpunkt der Anlage, von ihnen stammt der von den »Tausend Säulen« umgebene Tempel der Krieger. Auch der Caracol, ein Rundbau mit den Aufgaben eines Sonnenobservatoriums, und der Ballspielplatz, auf dem das heilige Pelote-Spiel betrieben wurde, sind Zeugnisse toltekischer Baukunst, die sich in Chichen Itzá mit den traditionellen Formen der Maya vermischte. Dieses Nebeneinander wirkte sich bis in die Götter-Darstellungen aus – neben toltekisch-mexikanischen Göttern wie Quetzalcoatl wurden die Maya-Regengötter nicht vergessen.

Wer nach Chichen Itzá kommt, wird nicht versäumen, die größere der beiden Wasserstellen zu besuchen, in deren Nähe die Tempelstadt einst erbaut wurde. Der tümpelähnliche Brunnen (»Cenote«) diente kultischen Zwecken. Um die Götter zu versöhnen, warf man Schmuck, Waffen und Weihrauch hinein oder opferte der regenspendenden Allgewalt festlich geschmückte junge Mädchen. Regen war für die Tolteken lebenswichtig. »Kein Regen – kein Mais – kein Leben!« erläutert der Maya-Fremdenführer von heute, wenn man den Heiligen Brunnen von Chichen Itzá besucht.

Linke Seite: Eingang zum Tempel der Krieger mit Schlangenköpfen *(oben)*. Fassade des Nonnenklosters *(unten)*. *Mitte:* Der Cuculcan-Tempel (»El Castillo«) in der Mitte der Stadt *(oben)* war durch eine Straße mit dem Heiligen Brunnen *(unten)* verbunden. *Rechts:* Eine der Treppen des Cuculcan-Tempels *(oben)*; Rekonstruktion des Tempels der Krieger *(unten)*.

Nervenstrang der Weltschiffahrt

PANAMAKANAL

Der Gedanke an eine Verbindung zwischen der Karibischen See und dem Pazifischen Ozean ist alt. Mit diesem Problem setzten sich schon die spanischen Eroberer Mittel- und Südamerikas zu Beginn des 16. Jahrhunderts auseinander. Kaiser Karl V. war weitsichtig genug, um den großen politischen und wirtschaftlichen Nutzen eines Durchstiches im Raum der »Audiencia Panamá« zu ermessen: 1524 ließ er erste Skizzen für das kühne Projekt anfertigen. Aber es sollten noch über 350 Jahre vergehen, bis man den Bau der Wasserstraße von Meer zu Meer systematisch in Angriff nahm.

Heute, ein halbes Jahrhundert nach Eröffnung des Panamakanals, ist die Schiffsroute durch die Landenge von Panama nächst dem Suezkanal die bedeutendste Direktverbindung zwischen zwei Ozeanen. 1952 verzeichnete man insgesamt 6600 Schiffspassagen in beiden Richtungen. In knapp anderthalb Jahrzehnten hat sich diese Zahl mehr als verdoppelt. Die jüngste Statistik der Panama-Canal-Company spricht (für 1966) von 13300 Kanalpassagen. Die Passagegebühr für ein Übersee-Handelsschiff liegt bei 23000 Mark. Das ist nicht billig, aber man muß den eingesparten Weg berücksichtigen. Die Fahrt von New York nach Yokohama wird beispielsweise durch den Panamakanal um 7000 Seemeilen (etwa 13000 km) verkürzt.

Um die Mitte des vorigen Jahrhunderts wurde der Gedanke eines Seekanals durch die Landenge von Panama wieder aktuell. Wachsam und stets darauf bedacht, im Spiel der Mächte keinen wertvollen Trumpf aus der Hand zu geben, schlossen die USA und Großbritannien 1850 einen Vertrag ab, der für das Territorium des späteren Kanals die strikte Neutralität sicherstellen sollte. Daß die Vereinbarung auf recht schwachen Füßen stand, erwies sich bald.

Ermuntert durch das gute Gelingen des Suezkanal-Vorhabens, das 1869 abgeschlossen worden war, meldete Frankreich sein Interesse an und förderte die Gründung der »Compagnie Universelle du Canal Interocéanique de Panama«. Die von Ferdinand de Lesseps, dem Erbauer des Suezkanals, geleitete Gesellschaft erwarb die Konzession und ließ auch 1879 die Arbeiten anlaufen, machte aber zehn Jahre später bankrott. Alle Versuche, das durch eine Bestechungsaffäre zusätzlich in Mißkredit geratene Unternehmen wieder auf ein starkes wirtschaftliches Fundament zu stellen, schlugen fehl. Lesseps scheiterte an den gigantischen Problemen technischer, finanzieller, organisatorischer und hygienischer Art, die ihm der Kanalbau aufgab.

Die weitere Entwicklung verlief erwartungsgemäß. Die Vereinigten Staaten, zwei Jahrzehnte zuvor noch in Gefahr, »abgehängt« zu werden, nutzten die Lage. Erst einmal sicherten sie sich durch zwei Verträge (1901 und 1902) das alleinige Recht auf den Bau des Kanals. Dann sorgten sie 1903 für die Absplitterung des panamesischen Gebietes von Columbien, damit für die Ausrufung der »República de Panamá«. Der junge Staat belohnte die USA mit den Souveränitätsrechten über die Kanalzone. Zugleich räumte er der amerikanischen Verwaltung einen 8 km breiten Landstreifen zu beiden Seiten der Kanaltrasse ein, ein Territorium von insgesamt 1432 qkm. Der Weg für die unbehinderte Durchführung des großen Bauvorhabens war frei. 1906 bewilligte der amerikanische Kongreß das erforderliche Startkapital. Die bautechnische Verantwortung wurde dem Chefingenieur George Washington Goethals (1858–1928) anvertraut.

Der Durchstich der Landenge erforderte eine Bauzeit von

Die einstufigen Miraflores-Schleusen überwinden auf der pazifischen Seite des Kanals die Höhendifferenz zwischen dem Pazifik und dem Miraflores-See.

sieben Jahren. Riesige Erdrutsche blockierten oft wochenlang den Fortgang der Arbeiten. In der Sohle des ausgehobenen Kanalbettes liefen stellenweise sechs, sieben Bahngleise nebeneinander her. Millionen Tonnen Fels mußten gesprengt und fortgeschafft werden. Allein 1910 wurden siebeneinhalb Millionen Kilogramm Sprengstoff verbraucht. Gelbfieber und Malaria forderten unter den Arbeitern Zehntausende von Opfern.

Kurz nach Ausbruch des Krieges in Europa, am 15. August 1914, passierte das erste Schiff den Kanal. Sechs Jahre später, am 12. Juni 1920, wurde die weitgehend fertiggestellte Wasserstraße offiziell für die Weltschiffahrt freigegeben.

Von Küste zu Küste 65,1 km und von Tiefwasser zu Tiefwasser 81,6 km lang, führt der in einer mittleren Breite von 200 m angelegte Kanal von den Häfen Colón und Cristóbal auf der atlantischen Seite zunächst zur Schleusentreppe von Gatún. Ein dreistufiges Schleusensystem hebt die Schiffe auf die 26 m über dem Meeresspiegel liegende Wasserfläche des großen Gatún-Sees.

Nach der Passage des durch zahlreiche Leuchttürme und Markierungsbojen abgesicherten, künstlich gestauten Sees erreichen die Schiffe in südöstlicher Richtung den unteren Abschnitt der Wasserstraße mit dem kerzengerade verlaufenden »Gaillard Cut«, den Staustufen und Schleusen von Pedro Miguel und Miraflores sowie dem (wieder entsprechend tiefer gelegenen) Auslaufkanal auf der pazifischen Seite. Die Passage durch den Kanal dauert im Durchschnitt acht Stunden.

»Ohne die Initiative, den Einfallsreichtum, die Ideale und die Dollars der Amerikaner wäre der Kanal niemals gebaut worden«, sagte einst Präsident Theodore Roosevelt. Das mag sich so verhalten – aber man darf nicht vergessen, daß gut ein Drittel aller Schiffe, die den Kanal passieren, das Sternenbanner der USA führen.

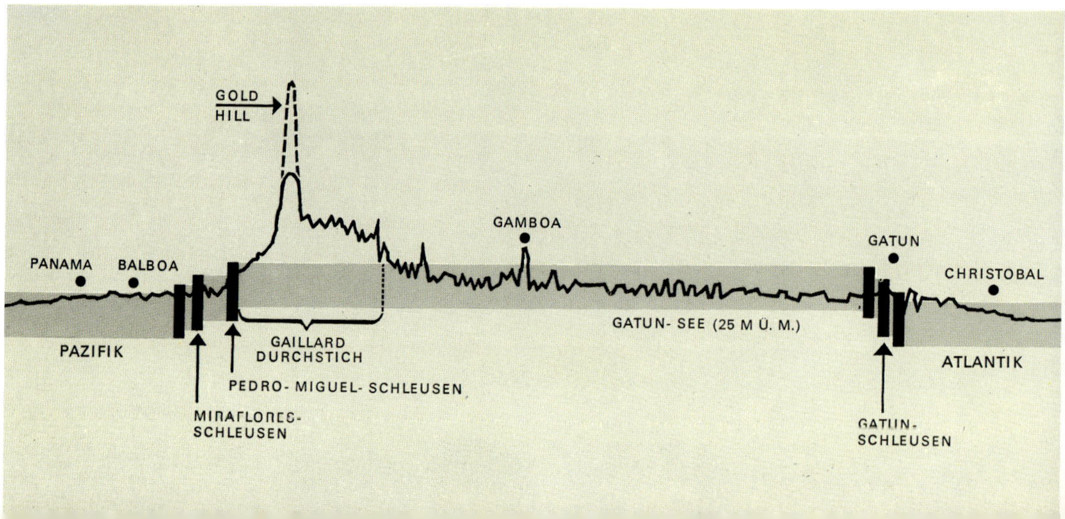

Der Gaillard Cut, ein Bergdurchstich, gehörte zu den schwierigsten Bauabschnitten des Kanals *(oben)*. *Mitte:* Schiff beim Verlassen einer Schleuse. *Unten:* Kanalprofil. *Rechte Seite:* Die Thatcher-Ferry-Brücke überquert den Kanal in der Nähe von Panama *(oben)*. *Unten v. l.:* Baggerarbeiten am Kanal mit der »Dampfschaufel« (1911); Friedhof für 56000 Arbeiter, die beim Bau an Gelbfieber und Malaria starben; Gatún-Staudamm für die Regulierung des Kanal-Wasserstandes im Bereich des Gatún-Sees.

Die schönste Stadt der Welt

RIO DE JANEIRO

São Sebastiao do Rio de Janeiro heißt die Viermillionenstadt, die man die schönste Stadt der Welt nennt, mit vollem Namen: St. Sebastian vom Januarfluß. Als die Portugiesen am 20. Januar des Jahres 1500 mit sechs Karavellen unterhalb des berühmten Zuckerhutes vor Anker gingen, um die Franzosen zu vertreiben, hielten sie die Wasser der Bucht für eine Flußmündung und tauften den vermeintlichen Fluß nach dem Monat, der gerade im Kalender stand. 15 Jahre später, bei der Gründung der Stadt, behielt man die Bezeichnung bei und fügte lediglich den Heiligen hinzu. Im Lauf der Zeit verkürzte sich der volle Name auf Rio de Janeiro oder einfach Rio.

Was berechtigt Rio zur Führung des anspruchsvollen Titels der schönsten Stadt der Welt? »Es mag schönere Seen geben als die einem Alpensee gleichende Bucht von Rio«, definierte der Weltreisende Ernst von Hesse-Wartegg, »es gibt natürlich höhere Berge, vereinzelt von noch schöneren Formen als jene, die diese Bucht umschließen, es gibt größere Städte als Rio, es gibt auch Großstädte in den Tropen, die mitten in großartigen Landschaften liegen. Aber eine Vereinigung von See und Inseln, von kühnen Alpenketten und Großstadtbildern, alles gekleidet in die herrlichste Tropenpracht, wie die Bucht von Rio de Janeiro sie darbietet, gibt es auf unserem Planeten nicht wieder!«

Anderer Meinung ist der Weltreisende A. E. Johann. Nicht die riesenhaften Boulevards, nicht die Berge in und zwischen und

hinter Rio, nicht die hoch über der Stadt stehende, 25 m hohe Christusstatue und nicht die Regimenter von Wolkenkratzern im Stadtteil Copacabana sind nach seiner Überzeugung das Schönste an Rio, »sondern die Mädchen am Strand, an dem hellen, blitzenden Strand mit der machtvollen silbernen Brandung des Atlantik, diesem verlockenden Strand, der sich meilenweit unter den Hochhäusern in sanften Kurven dahinzieht«.

Rio ist, so könnte man ergänzen, von besonderem Reiz, wenn man vom Schiff aus beobachten kann, wie es sich in der 180 km langen Bucht ausbreitet. Es zeigt seine beste Seite bei einem Rundblick vom Corcovado, dem 700 m hohen Berg mit der Christusstatue, oder vom Zuckerhut, auf den man mit einer Seilbahn hinauffahren kann. Am schönsten ist Rio bei anbrechender Dunkelheit, wenn die Lichter wie Perlenketten aufleuchten.

Seit 1763 bis zur Einweihung von Brasília im Jahre 1960 war Rio de Janeiro die Hauptstadt Brasiliens – knapp 200 Jahre lang. Es scheint, als habe die Stadt den Verlust ihrer Hauptstadtwürde schnell überwunden – sie hat niemals aufgehört, geistiger Mittelpunkt des Landes zu sein.

Oben: Hochbetrieb an der berühmten Copacabana mit ihren Hotelpalästen. *Linke Seite:* Blick auf die Bucht von Rio mit dem Corcovado *(oben)*, auf dem sich die 25 m hohe Christusstatue *(links)* erhebt. *Rechts unten:* Ansicht der »Bay von Rio«, eine Darstellung aus der Zeit um die Jahrhundertwende. *Vorhergehende Doppelseite:* Blick vom Corcovado auf Rio de Janeiro.

Reißbrett-Metropole in der Savanne

BRASÍLIA

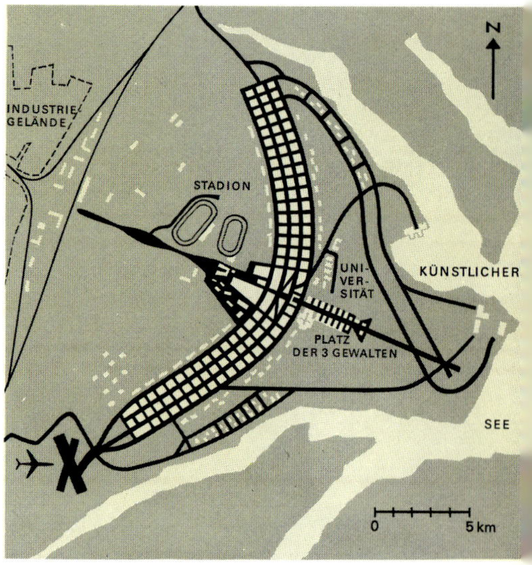

Die ersten Diskussionen über eine Verlegung der Hauptstadt ins Landesinnere fanden schon 1825 statt. 1891 wurde der Plan in der Verfassung verankert. Es blieb beim guten Willen, bis Präsident Juscelino Kubitschek de Oliveira 1956 die Verwirklichung des Projektes einleitete. Innerhalb von vier Jahren sollte die neue Hauptstadt in den Grundzügen fertig sein. Wenn man diesen Termin einhalten wollte, mußte man ein nicht nur für brasilianische Verhältnisse atemberaubendes Tempo einschlagen.

Es begann mit der Gründung einer staatlichen Baugesellschaft, der von Israel Pinheiro geleiteten »Novocap«. Oscar Niemeyer wurde zum Chefarchitekten ernannt, er erklärte sich für »unbegrenzte plastische Freiheit« und schwor: »Nie soll in die bisher übliche banale Bauart verfallen werden!« Der Dritte im Bunde der Schöpfer von Brasília wurde Lucio Costa. Von ihm stammt der Generalplan für die neue Hauptstadt, die Anlage in Form eines Kreuzes oder Flugzeugs, mit einer 6 km langen und 350 m breiten Hauptachse (fünfmal so breit wie die Avenue des Champs Elysées in Paris) mit den öffentlichen Gebäuden und einer diese Prachtstraße kreuzenden Wohnachse, in deren Verlauf die zu Wohneinheiten (»Quadras«) zusammengefaßten Wohnblöcke mit Geschäften, Schulen, Kirchen und Erholungsstätten errichtet werden sollten.

Zuerst baute man die Residenz des Präsidenten, den an einem künstlichen See errichteten Alvorado-Palast mit seinen berühmten Dreiecksäulen. Am »Platz der drei Gewalten« ent-

standen die Bauten von Regierung und Justiz – zwei Hochhäuser mit je 28 Stockwerken, daneben ein Flachbau, auf dem eine Schale (Abgeordnetenhaus) und eine Kuppel (Senat) thronen, in unmittelbarer Nähe der Planalto-Palast (Regierungssitz) und der Justizpalast. Stadteinwärts schließen sich die monumentalen Blöcke der Ministerien an. Hier steht auch die noch unvollendete Kathedrale, ein Bündel von Betonpfeilern, einer Garbe ähnlich.
Eine riesige Universität, Schulen, Museen, Theater, Banken, Hotels, Krankenhäuser, Schwimmbäder – alles wurde vorausbestimmt, nichts überließen die Architekten dem Zufall. Am 21. April 1960 konnte man Brasília planmäßig einweihen. Die Kommentare waren unterschiedlich. John Dos Passos nannte die Stadt ein »umgekehrtes Pompeji«, andere sprachen von Retorten-Architektur, von einer Reißbrett-Metropole, in der kein Mensch werde wohnen wollen. Aber die Brasilianer scheinen sich an ihre noch unfertige Hauptstadt gewöhnt zu haben. Zur Zeit leben dort etwa 300000 Menschen. Vielleicht hat André Malraux recht, der Brasília »La Capitale d'Espoir«, die Hauptstadt der Hoffnung, nannte.

Oben: Blick vom Planalto-Palast (Regierungssitz) auf die Kongreßbauten. *Linke Seite:* Blöcke der Ministerien *(links oben)*; Statuen der Candangos am Platz der drei Gewalten *(rechts oben)*; Kinderkrankenhaus *(Mitte links)*; Kubitschek-Denkmal am Stadtmuseum *(Mitte rechts)*; Palast des Präsidenten *(unten links)*; Bebauungsplan von Brasília *(unten rechts)*. *Vorhergehende Doppelseite:* Zentrum von Brasília mit Kongreßbauten *(links)*.

Lägen die Wasserfälle des Iguassu-Flusses an einer der großen Touristenstrecken, in einer verkehrstechnisch gut erschlossenen Gegend, und nicht im schwer zugänglichen südamerikanischen Urwald, sie könnten sich vor den Besuchermassen nicht retten und hätten alle Rekorde der Niagara-Fälle längst überholt. Zwar gibt es an beiden Ufern des Flusses kleine Städtchen – Foz do Iguaçu im brasilianischen Kaffeestaat Paraná, Porto Iguazú in der argentinischen Provinz Misiones –, die ihre Existenz ausschließlich den berühmten Wasserfällen verdanken, aber die Iguassu-Fälle behielten doch als touristische Sehenswürdigkeit einen gewissen Seltenheitswert – zum Glück, wie viele Freunde der unberührten Natur betonen. Und da man bisher auch darauf verzichtet hat, die Wassermengen in elektrischen Strom umzumünzen, bietet sich das Tropenwunder am Dreiländereck – Brasilien, Argentinien und Paraguay stoßen hier zusammen – dem Auge noch heute in seiner ursprünglichen Form dar.

Der wasserreiche und reißende Iguassu ist ein Nebenfluß des 4700 km langen Paraná, der sich, vereint mit dem Rio Uruguay und anderen Flüssen, bei Buenos Aires als Rio de la Plata in den Atlantik ergießt. Der Ursprung des Iguassu liegt in der Nähe von Curitiba, im Küstenbergland der Serra do Mar. Trotz zahlreicher Stromschnellen wird der 750 km lange Fluß auf weiten Strecken von Motorschiffen und Dampfern befahren. Im Oberlauf des Paraná gibt es mehrere Wasserfälle, als imposantesten den Guaira-Fall, nach dessen Überwindung der Fluß in einer tiefen, cañonähnlichen Schlucht entlang der Grenze zwischen Paraguay und Brasilien weiterströmt. Alle Nebenflüsse, die auf dieser Strecke in den Paraná münden, müssen in die Schlucht »hinabsteigen«. Das ganze Gebiet ist deshalb reich an Katarakten und Wasserfällen. Der schönste unter ihnen ist der Iguassufall, 23 km vor der Mündung des Flusses in den Paraná.

Die Brasilianer zählen den ähnlich wie der Niagara-Fall durch Ländergrenzen »zerschnittenen« Iguassu-Fall seit jeher zu den Sieben Weltwundern. Sie vergessen nicht darauf hinzuweisen, daß es sich in Wirklichkeit nicht um einen einzigen Fall, sondern um deren 21 handelt, die auf einer Breite von fast 3 km in eine schmale, 70 bis 80 m tiefe Schlucht donnern. Das Brausen der Fälle ist 25 km weit zu hören. Einer der beiden Hauptfälle hat eine hufeisenförmige Aussparung in die Abbruchkante gefressen. Wenn sich in dem sprühenden Wasserdampf der berühmten Garganta do Diabo, des Teufelsrachens, an hellen Tagen die Sonnenstrahlen brechen, bildet sich ein Regenbogen mit einer Basis von mehr als 120 m. Am eindrucksvollsten sind die Fälle zur Regenzeit, wenn in der Stunde etwa 140 Millionen Tonnen Wasser die Fälle passieren – das Siebenfache der Wassermenge des Niagara.

Die erste Kunde von den Iguassu-Fällen dürfte verhältnismäßig spät, erst im 16. Jahrhundert, nach Europa gedrungen sein. Damals hatten die Jesuiten damit begonnen, an Paraná und Paraguay ihre berühmte »Indianerrepublik« aufzubauen. Die Guarani, um die es sich in erster Linie handelte, wurden zu »Ortschaften« und diese zu »Reduktionen« zusammengefaßt. Die Jesuiten organisierten den Feldbau, richteten Werkstätten ein, kümmerten sich um die Veredelung des Paraguaytees, sorgten für eine Art Lastenausgleich innerhalb der Reduktionen und schufen die nötigen Verbindungen für den Außenhandel. Später stellten sie auch Indianertruppen auf.

Fremde Weiße hatten in den Reduktionen nichts zu suchen. Wenn Kaufleute kamen, um Waren zu besichtigen, wurden sie von den Patres in Besuchshäusern weit draußen vor den

Auf einer Breite von fast 3 km stürzen die Wassermassen des Iguassu, aufgeteilt in 21 einzelne Wasserfälle, in die 70 bis 80 m tiefe Schlucht.

Tropenwunder am Dreiländereck

IGUASSU-FÄLLE

Dörfern empfangen und bewirtet. Diese Abschließung gegenüber der europäischen Zivilisation war eins der Grundprinzipien der Jesuitenrepublik. Nicht ohne Absicht hatten die Patres das von weißen Siedlern bewohnte Gebiet an den Mündungen der großen Flüsse gemieden und waren in das einstweilen noch unerschlossene Landesinnere gegangen. Sie begannen ihre Arbeit im Schutz der Katarakte, Wasserfälle und Stromschnellen.
»Unsere Missionare sind alle der Meinung«, schrieb der Tiroler Pater Sepp, »Gott habe diese Wasserfälle und Stromschnellen zum Nutzen unserer armen Indianer geschaffen, denn die Spanier in ihrer unersättlichen Geldgier sind mit ihren großen Schiffen bis hierher gekommen, aber nicht weiter. Bis auf den heutigen Tag haben sie unsere Völkerschaften nicht betreten.«
In späteren Jahren sollte sich das allerdings ändern. Portugiesische Abenteurer, Bandeirantes genannt, entdeckten die Reduktionen als leicht zu überwältigende Sklaven-Reservoire. Zehntausende von Indianern wurden auf die Sklavenmärkte verschleppt. Schließlich flohen die Jesuitenpatres mit den letzten 12000 Guarani den Iguassu hinunter, auf dem Weg zum Paraná. Die Wasserfälle waren das erste große Hindernis. »Man versuchte, die Boote über die Fälle hinunterzulassen; zertrümmert kamen sie unten an. Eine Woche dauerte es, bis die Fälle umgangen waren und der Neubau von Kähnen in Angriff genommen werden konnte. Nur ein kleiner Teil fand in den Booten Platz; die andern zogen in verschiedenen Abteilungen weiter durch den Urwald, und Gräber um Gräber bezeichneten den Weg, denn Hunger und Seuchen wüteten fürchterlich« (v. Hauff). Die Flucht schaffte nur für wenige Jahre Ruhe. Portugiesen und Spanier wiesen die Jesuiten aus. Die Indianer kehrten in die Wälder zurück, die Missionen verfielen. Nach 150 Jahren nahm die »Utopie im Urwald« ihr Ende.
Der Name der argentinischen Provinz Misiones, des an die Iguassu-Fälle angrenzenden Gebietes, erinnert an dieses Experiment, dessen Schöpfer ihrer Zeit weit voraus waren.

Oben: Wasserabsturz am »Teufelsrachen«. *Unten:* Der Iguassu am Grund der Schlucht. *Linke Seite:* Wasserfälle, so weit das Auge reicht *(oben)*, in einer phantastischen Tropenlandschaft *(unten links)*. *Unten rechts:* Die Schlucht mit Blick auf die Wasserfälle.

Als die spanischen Eroberer unter Pizarro den größten Teil des Inka-Volkes vernichtet und Atahualpa, den letzten Herrscher, ermordet hatten, flohen die Reste des Volkes in eine entlegene Bergfestung in den Anden. Von hier aus setzten sie den Konquistadoren noch 39 Jahre lang hart zu. Den Spaniern gelang es niemals, die geheime Zufluchtsstätte zu entdecken. Als die letzten Inka das Feld geräumt hatten, geriet die Bergfestung in Vergessenheit. Erst vor wenigen Jahrzehnten fand man sie wieder, obwohl man schon lange gewußt hatte, daß es sie gegeben haben mußte: Machu Picchú, gleich einem Adlernest in 2000 m Höhe aus zyklopischem Mauerwerk errichtet.

Blut und Gold säumten den Weg der 168 Soldaten, mit denen sich der Generalkapitän Francisco Pizarro aufmachte, um das Inka-Reich für die spanische Krone zu erobern. Er kam in einem günstigen Augenblick. Der letzte Alleinherrscher, Huayna Capac, hatte das Reich unter seine Söhne Atahualpa und Huascar aufgeteilt. Die beiden Nachfolger gerieten in Streit. Ein Bürgerkrieg entbrannte, aus dem Atahualpa als Sieger hervorging. Seinen Bruder hatte er in Cuzco, der berühmten Inka-Hauptstadt – ihr Name bedeutet »Nabel der Welt« – gefangengesetzt. In seiner Residenz Cajamarca erwartete er das Häuflein der Spanier.

Pizarro erschien am 25. November 1532 vor dieser Stadt. Seine Truppe hätte es mit den mindestens 30000 kampferprobten Inka-Soldaten niemals in offener Feldschlacht aufnehmen können. So lockte der Generalkapitän den Herrscher in sein Hauptquartier und nahm ihn unter einem Vorwand gefangen. 4000 Indianer ließen an diesem Tag ihr Leben. Atahualpa, der die Goldgier der Spanier beobachtet hatte, versuchte sich von Pizarro seine Freiheit zu erkaufen. »Er schlug vor, den Raum, in dem er gefangengehalten wurde, so hoch, wie er mit den Fingerspitzen reichen konnte, mit Gold zu füllen. Die Spanier sollten ihm dagegen die Freiheit wiedergeben« (Francisco de Xérez).

Pizarro ging darauf ein. Unermeßlicher Goldsegen ergoß sich über die Spanier. Aber der Inka sah die Freiheit trotzdem niemals wieder. Der Generalkapitän ließ ihn erwürgen – eine Scheinverhandlung lieferte die nötigen »Beweise«. Bevor er seinen Geist

Zuflucht der Sonnentöchter

MACHU PICCHÚ

aufgab, verfluchte Atahualpa seine Mörder. Der Fluch des Inka erfüllte sich. Innerhalb kurzer Zeit kamen alle Beteiligten, darunter auch Pizarro, auf grausame Weise um. Die Indianer machten Jagd auf die Schuldigen. Dem Feldkaplan, der den Inka kurz vor der Exekution auf den Namen »Francisco Atahualpa« getauft hatte – Taufpate war Pizarro –, gossen sie flüssiges Gold in die Augenhöhlen.
Der Generalkapitän hatte Manco Capac, einen Bruder Atahualpas, als neuen Inka eingesetzt. Aber der »Scheininka« war kein williges Werkzeug der Spanier. Er setzte sich an die Spitze der empörten Indianer und führte sie gegen die Unterdrücker. Nach einem unbeschreiblichen Gemetzel blieben die Spanier siegreich. Manco Capac zog sich mit seinen Getreuen, darunter viele Sonnentöchter, für kultische Zwecke besonders ausgebildete Jungfrauen, in die einst von den Inka als Grenzburg gegen kriegerische Nachbarvölker unterhaltene Bergfestung von Machu Picchú zurück. Von hier aus unternahmen er und seine Nachfolger in den folgenden Jahrzehnten zahllose Überfälle auf die Spanier, darunter eine längere Belagerung von Cuzco, das mit all seinen Prachtbauten und Schätzen in Flammen aufging. Immer wieder versuchten die Spanier erfolglos, das Versteck der Rebellen ausfindig zu machen. Erst als die Überfälle eines Tages aufhörten, weil die Bewohner von Machu Picchú ausgestorben oder ausgewandert waren, verloren sie das Interesse an der Sache.
Im 19. Jahrhundert forschten Eroberer, Abenteurer, Goldsucher und Wissenschaftler nach Machu Picchú – ohne Erfolg. Erst der Geschichtsprofessor Hiram Bingham, Leiter einer Expedition der Yale-Universität, kam der Rebellenresidenz auf die Spur. Am 24. Juli 1911 sah er die ersten Mauern von Machu Picchú, vom Urwald überwuchert. Die Gesamtanlage erschloß sich ihm erst ein Jahr später, nachdem er dem Gewucher in monatelanger Arbeit mit Feuer und Machete zu Leibe gerückt war. Vor ihm lag eine gewaltige Flucht von Terrassen und Treppen – sein Begleiter gab bei 3200 Stufen das Zählen auf –, erstreckten sich Mauern

In die uneinnehmbare Bergfestung von Machu Picchú zogen sich die letzten der Inka auf der Flucht vor den spanischen Eroberern zurück. Sie wurden hier niemals entdeckt.

und Türme, Brunnen und Tempel, fanden sich Gräber mit zahlreichen Mumien und heilige Steine.
Die einzigartige Lage der Bergstadt, in der einst 10000 Menschen Platz gefunden haben mochten, machte verständlich, warum es weder den Spaniern noch den Forschern gelungen war, Machu Picchú ausfindig zu machen. Die mit den Terrassenbauten überzogene Bergspitze wird an drei Seiten von einer 700 m tiefen, steilen Schlucht eingefaßt, in der ein reißender Strom, der Urubamba, tobt. An der vierten Seite versperrt ein Berggrat den Zugang. Die geschickte Anlage der Mauern verbesserte die natürlichen Gegebenheiten noch. Vermutlich gab es zur Inkazeit Brücken über den Fluß, die man im entscheidenden Augenblick einzog oder zerstörte. Hiram Bingham konnte erst mit seinen Freilegungsarbeiten der verlassenen Stadt beginnen, nachdem er eine Behelfsbrücke über den Urubamba gebaut und eine Seilbahn eingerichtet hatte.
»Mauern aus genau gefügten Steinblöcken verstärkten die wichtigsten Punkte derart, daß die Verteidiger von der Höhe des Bergvorsprungs Felsblöcke hinabrollen konnten, ohne sich selbst in Gefahr zu begeben«, erläuterte der Yale-Professor. Er fand allerdings keine Anzeichen dafür, daß die Stadt jemals ernsthaft von Feinden angegriffen wurde. Auch andere Rätsel der Grenzburg blieben ungelöst, trotz umfangreicher Gräber- und Scherbenfunde. Warum wurde Machu Picchú schließlich von den Resten des Inka-Volkes aufgegeben? Von wem stammten die aus tonnenschweren Steinen errichteten Zyklopenmauern, die im Gegensatz zu anderen Bauten von Machu Picchú nicht auf Inka-Baukünste hindeuteten? Wie hatte man diese Steine auf den schon ohne Last kaum zugänglichen Berg geschafft?
Vielleicht bestätigt sich eines Tages die Vermutung, daß Machu Picchú schon Jahrtausende vor Christi Geburt als Festung diente. Aus den Quellen der Inka ist allerdings kaum Aufklärung zu erwarten. Nach ihrer Überlieferung fing die Welt erst mit der Herrschaft des ersten Inka an.

Bildleiste v. o.: Das sogenannte Fürstengrab mit Opferaltar; Verteidigungsturm mit aus dem Felsen gehauener Treppe; der berühmte »Tempel der drei Fenster«; Mauerstück aus gigantischen, fugenlos verlegten Blöcken. *Rechts:* Das »Sonnenobservatorium«, ein Bau mit noch ungeklärter Zweckbestimmung.

INHALT REGISTER BILDQUELLEN

REGISTER

(*Kursiv* gedruckte Zahlen verweisen auf Abbildungen)

BILDQUELLEN

Farbfotos

Anthony-Verlag, Starnberg: Bethmann: 118 or; Schlapper: 131 mr; W. Bayer: 215 um + ur.
Archiv für Kunst und Geschichte, Berlin: 13, 15 ul, 16 o, 17 u.
Associated Press Bilderdienst, Frankfurt a. M.: 59 um.
Erich Bauer, Karlsruhe: 11 u, 43 u, 52-53, 168-169, 207.
Bavaria-Verlag, Gauting: Almasy: 139 ur, 234 o, 243; Max Bickel: 35 o, 54 o; G. Binanzer: 107 or; Karl Droste: 160-161; D. Hecker: 238 o; H. Kanus: 68-69, 119 ol, 122 um; M. Kraft: 87 ul; Leidmann: 101 u; Omnia: 164–165; M. Pedone: 46 ul, 56–57; Z. J. Pivecka: 226–227.
Horst Bergmann, Gütersloh: 43 ml, 96–97.
Klaus Brantl, München: 42 o, 55 o + u.
Deutsche Luftbild KG, Hamburg: 24–25, 58 o.
dpa-Bild, Frankfurt a. M.: 124–125, 127 (Rauchwetter), 130 (Paolo Koch), 134, 148–149, 151, 170–171 (Schmidt-Wiking), 173 r (Schmidt-Wiking), 188–189, 191, 212–213 (Bernhaut), 216–217, 219 r, 220–221 u.
France-Verkehrsbüro, Frankfurt a. M.: 84–85.
Roland Gööck, München: 70 r, 71 ul.
W. Gontscharoff, München: 28–29, 31 m, 64–65, 72–73, 74, 75, 76–77, 78 ol + r, 79, 80–81, 83 o, ul + ur.
Güntherpress (Henle), Lübeck: 47, 88–89, 107 ul.
Ray Halin: 186.
Hans Huber, Garmisch-Partenkirchen: 39 um, 40–41, 43 ol + or, 59 r, 100 o, 108–109, 112–113, 115.
Horst von Irmer, München: 62 l, 63 ol, or + m, 110 o, 111, 114 l + ur, 116–117, 118 ol, 119 or, 136–137, 150 or, 235 o, 242 or, mr + ml, 244–245, 246 o, 247 (2), 250 um, 251.
laenderpress, Düsseldorf: 22 ol, 27 o (Streichan), 194–195.
Franz-Karl Frh. von Linden, München: 90–91, 92–93 (4), 94–95 (2).
Magnum, Paris: 66 o, 67 um.
Mauritius-Verlag, Mittenwald: 44–45 (Bohnacker).
Panam, New York: 197 o.
Paul Popper Foto, London: 131 ml, 143, 230–231 u.
Roger-Viollet, Paris: 122 o, 135 o, 138 l + r, 139 or, 152–153, 154–155, 156 u, 157 u.
roebild, Frankfurt a. M.: 26.
Salmer, Barcelona: 36–37, 39 or.
Toni Schneiders, Lindau: 32–33, 38, 39 ol.
Karlheinz Schuster, Frankfurt a. M.: 59 om, 87 o, 96 l, 98–99 (IDF-Studio).
Arthur von Schwertführer, Wiesbaden: 230 ol, 231 or.
Shostal, New York: 8–9, 35 u, 48–49, 51 o + u, 60–61, 71 r, 104–105, 120–121, 128–129, 132–133, 140–141, 144–145, 162, 166 u, 172, 178–179, 182–183, 184–185, 192–193, 198–199 (2), 200 bis 201, 204–205, 206 l, 208–209, 211 o, 218–219, 222–223, 225, 228–229, 236 bis 237, 240–241, 248–249.
United Press International, Frankfurt a. M.: 197 ur, 218 ul, 232–233, 234 m.
USIS, Bad Godesberg: 224 o.
Verkehrsamt Köln: 20–21 (Hermann Claasen); 22 or, 23 (Claus Schmid).
Carl Zeiss, Oberkochen (mit Genehmigung der NASA): 220 ol + ul, 220–221 o.
ZFA, Düsseldorf: 10 o, 24, 106, 123, 131 o, 147, 167 o, 174–175, 177, 215 o + ul, 238 ul, 239.

Schwarzweißfotos

Erich Andres, Hamburg: 230 ul.
Anthony-Verlag, Starnberg: 86 u (Rösch).
Archiv für Kunst und Geschichte, Berlin: 12 ol, 14 r, 15 o, 17 or + mul.
Associated Press Bilderdienst, Frankfurt a. M.: 59 u.
Bavaria-Verlag, Gauting: 82 o; Gerhart Brinkmann: 173 ml; Comet: 246 ul + ur; A. Ehrhardt: 176 u; Martin Frank: 226 l, 227 r; Helmut Heimpel: 173 ol + ul; Konrad Helbig: 50 o + m; Lebeck: 46 ol; Omnia: 163 ur; Willem van de Poll: 122 mo; Günther R. Reitz: 122 u, 167 ul + ur; Alfred Rosteck: 196 u; Silvester: 86 o, 110 om; Hed Wiesner: 206 or; Zahn: 34 m.
Presse-Informations-Agentur Brinzer, Winnenden: 27 u.
dpa-Bild, Frankfurt a. M.: 66 u, 67 u, 218 ol + ml.
expo 67 Montreal, Pressestelle: 190 (3).
France-Verkehrsbüro, Frankfurt a. M.: 82 u (Baranger).
Fremdenverkehrsamt d. USA, Frankfurt a. M. 196 o, 203.
Roland Gööck, München (Archiv): 10 ur, 22 ul + ur, 34 u, 46 om, 50 u, 54 ur, 107 ur, 121 ol, 166 o, 197 ul, 206 ur, 238 ur.
Historia-Foto, Bad Sachsa: 12 u, 14 ul, 17 ol, 235 ul.
Horst von Irmer, München: 250 om + u.
laenderpress, Düsseldorf: 230–231 o.
Franz-Karl Frh. von Linden, München: 93 r.
Bildarchiv Foto-Marburg, Marburg: 100 u.
Mauritius-Verlag, Mittenwald: 142 or, 250 o.
Niederländische Botschaft, Bonn: 30, 31 u (Mastboom Vliegbedrijf, Hofmeester), 31 o (KLM-Aerocarto).
Panama Canal Company, Balboa Heights: 235 ur.
S. Pandis (Farabola), München: 54 ul.
Paul Popper Foto, London: 42 m, 46 um, 120 or, 139 ul, 146 (3), 163 ol, 176 o, 202 (2), 242 ol + ul.
Willy Pragher, Freiburg: 87 ur.
roebild, Frankfurt a. M.: 88 l (Schneider).
Roger-Viollet, Paris: 10 ur, 11 o + m, 15 ur, 16 u, 17 mol, 39 ul + ur, 42 u, 46 r, 58 u, 59 o, 62–63 m, 101 o, mo + mu, 107 ol + ml, 110 u, 114 or, 118 ul + ur, 119 ul + ur, 120 ol, 121 or, 126 (4), 131 ul + ur, 135 ul + ur, 139 ol, mol + mul, 150 l, 152 (3), 156–157 (4), 163 or + mr, 166 m, 187 o, 224 um + ur.
Satour, Südafrikanisches Verkehrsbüro, Frankfurt a. M.: 178 l, 179 r.
Toni Schneiders, Lindau: 142 ol + ul.
Spanisches Verkehrsbüro, Frankfurt a. M.: 34 o.
Staatliches Kanadisches Fremdenverkehrsamt, Frankfurt a. M.: 183, 187 om.
Staatsbibliothek Berlin (Handke): 12 or, 14 ol, 17 mor + mur.
Süddeutscher Verlag, Bilderdienst, München: 67 o.
Ullstein-Bilderdienst, Berlin: 63 u, 67 mo (dpa), 70 l, 71 ol + ml, 78 ul, 82 m (Camera-Press), 142 ur (Gäbele), 150 ur, 187 mu + u, 210 l, 231 ur, 235 um.
USIS, Bad Godesberg: 210 or + ur, 211 u, 224 ul.
Verkehrsamt Köln: 22 m (Theo Felten).
Dr. Paul Wolff & Tritschler, Frankfurt a. M.: 214 o.
Yellowstone Nationalpark, Wyoming/USA: 214 u.

Abkürzungen: l = links, r = rechts, o = oben, m = Mitte, u = unten.